Kai Niederhöfer

Die schönsten Schlösser und Burgen

Ausflüge im Ruhrgebiet

DROSTE

Auf einen Blick

Schloss Lembeck

Liebe Burgen- und Schlösserfreunde,

als es mich vor Jahren beruflich ins Ruhrgebiet verschlug, hatte ich ein festes Bild vom Ruhrpott vor Augen. Es bestand aus Steinkohlebergwerken, Stahlhütten, einförmigen Arbeiterkolonien und natürlich dem FC Schalke 04 und Borussia Dortmund.

Schnell durfte ich feststellen, dass es tief im Westen, wo die Sonne verstaubt, tatsächlich viel besser ist, als man glaubt, so wie Herbert Grönemeyer es schon 1984 in seiner Ballade prophezeit hat. Das Ruhrgebiet ist mehr als ein Ballungszentrum der Schwerindustrie, das als einzigen Lichtblick erfolgreichen Bundesligafußball vorweisen kann. Die Städte befinden sich mitten im Strukturwandel oder haben ihn zum Teil bereits hinter sich gelassen. Die großen Industriezweige Kohle und Stahl haben an Bedeutung verloren, und aus Industrie wurde vielerorts Kultur. Halden und Brachen sind mittlerweile grün und die Region hat sich zu einem Publikumsmagnet gemausert, der spätestens seit der *RUHR.2010 – Kulturhauptstadt Europas* vor

5 Jahren auch über die Grenzen Deutschlands hinaus bekannt ist. Und in dem Ganzen stehen die zahlreichen gut erhaltenen Burgen und Schlösser in den Niederungen von Emscher und Lippe und auf den Höhen des Ruhrtals. Sie sind vielerorts selbst ein Teil der Industriekultur geworden, haben aber auch ihre eigene, bewegte vorindustrielle Geschichte. Denn wo gibt es wohl die größte Dichte an Burgen, Schlössern und Herrenhäusern in Deutschland? Im Ruhrgebiet natürlich!

Das Bewusstsein für die tatsächliche Schönheit der Region und die Mentalität seiner Bewohner – geradeheraus und liebenswert –, das ich hier sehr schnell gewonnen habe, beruht gerade auf dem Kontrast von Industrie, Industriekultur, Naturraum und Kulturlandschaft. Dieses Bewusstsein möchte ich mit dem vorliegenden Buch gern an Sie weitergeben und hoffe, es gefällt Ihnen im Ruhrgebiet genauso gut wie mir.

Ihr Kai Niederhöfer

Das Ruhrgebiet – ein Burgenland

Die hochindustrialisierte Zone des Ruhrgebiets hat ihren Ursprung in der industriellen Revolution Anfang des 19. Jahrhunderts, als immer mehr Kohle und Stahl benötigt wurde. Der Bau von Eisenbahnen und Schiffen, später auch die neu entstandene Automobilindustrie und nicht zuletzt die beiden großen Katastrophen des 20. Jahrhunderts – der Erste und Zweite Weltkrieg – forderten eine stetig wachsende Rohstoffproduktion, die erst mit dem beginnenden Strukturwandel seit der Kohlekrise 1957 wieder zurückging. Lange waren Kohle und Stahl die bestimmenden Wirtschaftszweige in der Region. Heute fördern von einst Hunderten Bergwerken nur noch die Zechen Auguste Victoria in Marl und Prosper-Haniel in Bottrop Steinkohle. Auch sie werden Ende 2015 bzw. Ende 2018 stillgelegt.

Der Begriff Ruhrgebiet ist eine Schöpfung der 1920er-Jahre, der keine gewachsene Einheit beschreibt. Hier vereinen sich unterschiedliche natur-räumliche Einheiten mit eigenen Traditionen – auch eigenen Burgentraditionen. Sie machen den Reiz und die Vielfalt des Schmelztiegels Ruhrgebiet aus.

Vor der Industrialisierung befanden sich hier ländliche Gegenden, wie sie heute noch beispielsweise für das Münsterland oder den Niederrhein prägend sind. Mancherorts wechselten sich Dörfer mit größeren Städten ab, die, wie z. B. Dortmund, seit dem Mittelalter durch Handel und die Mitgliedschaft in der Hanse zu Reichtum und Einfluss gekommen waren.

Steinkohle wurde hier zwar schon im Mittelalter gewonnen, ein Abbau in großem Umfang wurde aber erst ab dem Ende des 18. und beginnenden 19. Jahrhundert, ausgehend vom Muttental bei Witten, betrieben, einer Gegend im Ruhrtal, in der sich noch einige der schönsten Burgen befinden. Ähnlich verhält es sich mit der Stahlerzeugung, die in industriellem Umfang erst im 18. Jahrhundert einsetzte.

Innerhalb weniger Jahrzehnte entstanden so Hunderte von Zechen, Hütten und andere Wirtschaftsbetriebe, die das Bild der Region nachhaltig verändern sollten. Dennoch hat sich in diesem Umfeld eine Burgenlandschaft erhalten, die vor allem hinsichtlich der Anzahl der einstigen, aber auch der heute noch erhaltenen Anlagen einzigartig ist: Das namengebende Ruhrtal ist geprägt von mittelalterlichen Höhenburgen, wie den 188 ▶ Burgen Isenberg und Blankenstein bei 172 ▶ Hattingen oder Schloss Hohenlimburg 212 ▶ an der Lenne bei Hagen. Zugleich findet man hier aber auch viele Niederungsburgen in den Ruhrauen, die im Laufe der Jahrhunderte zu repräsentativen Wasserschlössern ausgebaut 204 ▶ wurden, wie Schloss Hugenpoet in 180 ▶ Essen oder Haus Kemnade in Hattingen.

An Lippe und Emscher ist die Burgenlandschaft von Niederungsburgen in den Brüchen und Auen der Flüsse geprägt, die sich von kleinen Turmhügelburgen zu prächtigen Renaissanceschlössern, wie Schloss Horst 74 ▶

in Gelsenkirchen, oder zu Barockschlössern, wie Schloss Lembeck in ◀ S. 8 Dorsten, entwickelt haben.

Die Industrialisierung ging auch an den historischen Bauten nicht spurlos vorüber. Einige Anlagen sind heute verschwunden und von Industriekomplexen oder den großen Städten überbaut. Daneben findet man Burgen, die Teil der Industriekultur geworden sind, wie Burg Wetter, die eine Ma-◀ S. 202 schinenfabrik beherbergte. Viele Schlösser und Herrenhäuser wurden von Industriegesellschaften als repräsentative Firmensitze erworben.

Im Zweiten Weltkrieg wurde das Ruhrgebiet als Herz der Wehrwirtschaft bombardiert wie kaum eine andere Region. Trotzdem gingen viele Schlösser unbeschädigt daraus hervor, kamen glimpflich davon oder wurden in den Nachkriegsjahren restauriert bzw. instand gesetzt.

Auf diese Weise ist im Ruhrgebiet bis heute eine äußerst sehenswerte Mischung aus Industriekultur und vorindustriellem Erbe teils auf engstem Raum entstanden.

Schloss Borbeck

Adresse

Schloss Lembeck
Graf von Merveldt'sche Rentei,
Schloss 2, 46286 Dorsten,
Tel. (0 23 69) 71 67
➤ **www.schlosslembeck.de**

Schlossmuseum, Mo.–Fr. 13–17,
Sa./So. 11–17 Uhr, 6 €
Schlosspark, tägl. 10–18 Uhr, 5 €,
Mai/Jun. Rhododendronblüten-
zuschlag 1 €
Heimatmuseum, Karfreitag–1. Nov.
Sa./So. 13–18 Uhr, im Eintritt Schloss-
park inbegriffen
Merveldt Galerie, Besichtigung auf
Anfrage

Anfahrt PKW

A 31, AS 36 Lembeck, Rhader Straße
(K 13) Richtung Lembeck, rechts auf
die Wulfener Straße (K 48), ihr
nach rechts weiter folgen;
Parkplatz am Schloss
(GPS 51.74303, 7.00138)

Anfahrt ÖPNV

Ab Dorsten ZOB Bus SB 26 bis
Dorsten-Wulfen Mitte, weiter
mit Bus 209 bis Lembeck Schloss,
etwa 200 Meter Fußweg

Essen + Trinken

Café am Schloss, Apr.–Okt.
tägl. 10–18, Nov.–März Mi.–So.
10–17.30 Uhr

**Hotel & Restaurant
Schloss Lembeck**
Schloss 1, 46286 Dorsten,
Tel. (0 23 69) 72 13,
Di.–So. 11–21 Uhr
➤ **www.schlosshotel-lembeck.de**

Außerdem sehenswert:

1 Jüdisches Museum S. 14   **2** Römermuseum Haltern S. 15

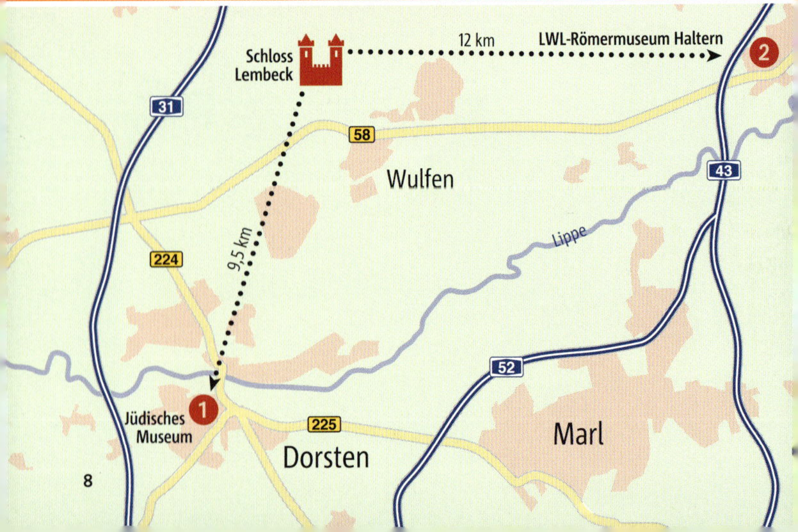

Schloss
Lembeck

12 km   LWL-Römermuseum Haltern

2

31

58

Wulfen

43

224

Lippe

9,5 km

52

Jüdisches
Museum   **1**

225

Marl

Dorsten

Schlosspark Lembeck ...

... und Hauptburg

Barocke Pracht und Rhododendronblüten

Portal und Torhaus der Vorburg

Schloss Lembeck

Geschichte

Die Geschichte von Schloss Lembeck beginnt im 12. Jahrhundert mit einem Gut, mit dem der Bischof von Münster Adolf von Lembeck 1177 belehnte. Die Herren von Lembeck bauten es anschließend zu einer sogenannten Motte aus und erweiterten diese im 14. Jahrhundert durch ein Burghaus nach Norden. Ab 1390 diente Burg Lembeck als Offenhaus für den Bischof von Münster und wurde im 15. Jahrhundert um einen Eckturm ergänzt. Im Jahr 1526 starb mit Johann von Lembeck der letzte Erbe derer von Lembeck. Seine Tochter Berta war mit Bernhard I. von Westerholt verheiratet, der mit Burg und Herrlichkeit Lembeck belehnt wurde und sich fortan von Westerholt zu Lembeck nannte.

Im Spanisch-Niederländischen Krieg war es mit der Herrlichkeit in der Herrlichkeit Lembeck erst einmal vorbei: Zusammen mit anderen Adligen der Region stemmten sich die Lembecker lange gegen eine spanische Besetzung. Aber Krieg war auch damals teuer: Hohe Schulden machten 1631 den Verkauf des Besitzes an Bernhard von Westerholt-Hackfurt zu Entinge unumgänglich, einen Verwandten der Burgherren, der zugleich Hauptgläubiger war.

Bernhard von Westerholt-Hackfurt konnte sich allerdings nicht lange an seiner Neuerwerbung erfreuen. Während des Dreißigjährigen Kriegs musste er 1633 vor den Truppen Wilhelms V. von Hessen-Kassel flüchten und kehrte bis zu seinem Tod 1638 nicht wieder nach Lembeck zurück. Erst 1641 konnte sein ältester Sohn Burchardt die Burg wieder in Besitz nehmen. Dietrich Conrad Adolf von Westerholt-Lembeck ließ die Anlage 1674 bis 1692 zum barocken Wasserschloss umgestalten. Dem heute noch im Nordflügel erhaltenen Burghaus wurde ein nach Süden abzweigender Ostflügel angesetzt und die Vorburg umgebaut. Dietrich Conrad Adolf verstarb bereits 10 Jahre später. Seine Tochter Maria Josepha Anna erbte das Schloss und heiratete 1708 Ferdinand Dietrich von Merveldt zu Westerwinkel. Im 18. Jahrhundert wurden zahlreiche spätbarocke Umbaumaßnahmen durch den bekannten münsteraner Baumeister Johann Conrad Schlaun vorgenommen, der unter anderem auch Schloss Beck in Bottrop entworfen hat.

. 32 ▶

Schloss Lembeck wurde 1943 von Fliegerbomben getroffen und später durch Vandalismus der Besatzungstruppen zusätzlich beschädigt. Die Schäden wurden durch Maria-Josefa von Twickel nach dem Krieg beseitigt, die damals als Geborene von Merveldt Besitzerin des Anwesens war. Bis heute ist Schloss Lembeck Familienbesitz der Grafen von Merveldt.

Anlage

Inmitten des Naturparks Hohe Mark-Westmünsterland liegt umgeben von Wäldern und Wiesen das malerische Wasserschloss Lembeck. Von Osten betritt man über eine lange Allee und eine Brücke mit Sandsteinpfeilern über die Gräfte die Vorburg. Die ehemals dreiflügelige Bebauung ist nur noch im Osten und im Süden erhalten. Der Nordflügel brannte Ende der 1880er-Jahre ab. Die eingeschossige Bauweise

mit vorgelagerten Ecktürmen mit Welschen Hauben wird durch das zweigeschossige Torhaus mit Mansarddach von 1741 unterbrochen.

Aus der Vorburg führt eine Bogenbrücke hinüber zum zweiflügeligen Herrenhaus. Der dreigeschossige Ostflügel mit zwei Ecktürmen und Welschen Hauben wurde 1679 fertiggestellt und erstreckt sich über die gesamte Front der fast 100 Meter breiten Gräfteinsel. Das aufwendige Werksteinportal der Tordurchfahrt krönt ein Sprenggiebel mit dem Allianzwappen Burchardts von Westerholt-Lembeck und seiner Frau Clara von der Recke. Aus dem Innenhof betritt man das Herrenhaus über eine Freitreppe vor dem Nordflügel, dessen Nordwestecke mit dem in den Innenhof vorspringenden, ebenfalls mit einer Welschen Haube bekrönten, Kapellenturm abschließt.

Zu Beginn des Flurs im Ostflügel steht man noch in den Resten der älteren Burg. Man erkennt es auf den ersten Blick an der Treppe, die den Höhenunterschied zum barocken Anbau ausgleicht. Mit flämischen Tapisserien des 17. Jahrhunderts und niederländischem und chinesischem Porzellan versehen, gibt er einen Vorgeschmack auf die eindrucksvolle Ausstattung des Schlosses. In den Räumen dominieren Wandvertäfelungen aus Eichenholz und teils sehr aufwendige Stuckierungen. Am Nordende des Ostflügels liegt das Pralhans-Zimmer mit einer um 1730/40 entstandenen Stuckdecke. Es folgen der Wittelsbacher Salon und der kleine Salon. Das Fidelitas-Kabinett, mit nur knapp 11 Quadratmetern der kleinste

Im Park

Raum im Schloss, ist mit dem einzigen original erhaltenen Deckengemälde, einer Personifizierung der Treue (Fidelitas), nicht minder sehenswert. Weiter nach Süden folgen das Schlafzimmer mit klassizistischer Deckenrosette, das Biedermeierzimmer und das Kaminzimmer mit einem Renaissancekamin aus Baumberger Sandstein. Außerhalb der Raumflucht schließt an das Kaminzimmer das Turmzimmer im Eckturm an. Der Kamin von 1563 stammt aus dem abgebrannten Nordflügel der Vorburg.

Über den Flur geht es zurück zum Nordflügel in den Schlaun'schen Festsaal mit einer prächtigen Stuckdecke aus den frühen 1730er-Jahren. Mit 140 Quadratmetern ist es der größte und repräsentativste Raum des Schlosses. Rechts schließen sich das wegen seiner damastbespannten Wände Roter Salon genannte Esszimmer und der nordöstliche Eckturm an. Links liegen die ehemalige Bibliothek und der Kapellenturm mit seiner neugotischen Innenausstattung.

Park

Nach Westen führt von der Hauptburginsel eine Brücke mit Pfeilern aus Backstein und Baumberger Sandstein über die Gräfte in den Schlosspark. Die mit barocken Putten verzierten Pfeiler wurden 1728 von Johann Conrad Schlaun entworfen und halten die Wappen von Ferdinand von Merveldt und Maria von Westerholt-Lembeck.

Der Park wurde nach Entwürfen von August Reinking als Barockgarten angelegt. Der als Ost-West-Achse angelegte Hauptweg verbindet das Schloss durch ein Tor mit Obelisken und Plastiken von Herkules und Minerva mit dem angrenzenden Wald. Dort legte man 1870 ein heute nicht mehr erhaltenes Wildgehege an. Unter Ferdinand-Anton von Merveldt wurde der Park im 19. Jahrhundert zum Landschaftsgarten im englischen Stil umgestaltet.

Vier sehenswerte Plastiken von Flussgottheiten repräsentieren die Erdteile Europa, Asien, Amerika und Afrika und sind einzigartig in Westfalen. Der heilige Nepomuk als Schutzpatron behütet die Brücke zum anschließenden Rhododendrongarten mit etwa 80 verschiedenen Arten. Darüber hinaus sind zahlreiche englische Rosensorten, Stauden- und Zwiebelpflanzungen und der alte Baumbestand mit ungefähr 70, teils exotischen Baumarten zu sehen.

Heutige Nutzung

Im Schlossmuseum im Hochparterre kann man die barocke Innenausstattung, wertvolles Porzellan und Möbel verschiedener Epochen betrachten. Das Heimatmuseum im Dachgeschoss zeigt unter anderem handwerkliche und landwirtschaftliche Geräte und vor- und frühgeschichtliche Funde. Die Merveldt Galerie in der ehemaligen Schlossküche im Untergeschoss präsentiert Bilder des Künstlers Hanns Hubertus von Merveldt.

Darüber hinaus beherbergt die Schlossanlage ein Café, das seine Gäste mit hausgemachten Torten und Kuchen verwöhnt. Wer Schloss und Park länger genießen möchte, findet im Schlosshotel Lembeck mit angeschlossenem Restaurant eine sehr stilvolle Unterkunft.

Tipps + Termine

- Jedes Jahr im Frühling findet im Schlosspark die viertägige **Landpartie,** ein großes Gartenfestival mit Blumenkunst, Sterneköchen, Musik etc. statt
  > www.landpartie-schloss-lembeck.de
- Im Spätsommer beherbergt das Schlossgelände den **Kunstmarkt Fine Arts** mit zahlreichen Ausstellern aus ganz Deutschland, die traditionelles Handwerk, modernes Textil- und Schmuckdesign und vieles mehr präsentieren
- Liebhaber klassischer Musik kommen bei den regelmäßig im Schlaun'schen Festsaal stattfindenden **Konzerten** auf ihre Kosten

In der Vorburg

❶ Jüdisches Museum Westfalen

(9,5 km von Schloss Lembeck)

Kunst + Kultur
Jüdisches Museum Westfalen
Julius-Ambrunn-Straße 1, 46282
Dorsten, Tel. (0 23 62) 4 52 79,
Di.–Fr. 10–12.30 u. 15–18,
Sa./So. 14–17 Uhr, 4 €
❯ **www.jmw-dorsten.de**

Im **Jüdischen Museum Westfalen** in Dorsten erfährt der Besucher viel Wissenswertes über die Religion und Kultur der Juden in Deutschland und der Region. Ein Highlight der Ausstellung ist der **Bottroper Bücherfund** mit etwa 150 Büchern und Zeitungen. Erst 1989 wurde er auf einem Dachboden wiederentdeckt, nachdem er dort 47 Jahre lang in einem Weidenkorb buchstäblich in Vergessenheit geraten war. Der Korb enthält liturgische Anleitungen, eine Auslegung des Tanach, Schriften über den Zionismus, Sprach- und Schulbücher, die einer 1942 deportierten jüdischen Familie gehörten.

Im Hof sind in einem **Skulpturengarten** Plastiken und ein Holocaustgedenkstein aufgestellt. Straßenschilder erinnern an untergegangene jüdische Gemeinden in Westfalen.

Jüdisches Museum Westfalen

LWL-Römermuseum Haltern am See

② LWL-Römermuseum Haltern am See

(12 km von Schloss Lembeck)

In Haltern am See waren zur Zeit des Kaisers Augustus romische Soldaten stationiert. Dort, wo sich einst ihr Lager befand, steht heute das **Römermuseum.** Hier erfährt man alles über das Leben der Legionäre an der Lippe und kann selbst ausprobieren, wie schwer antikes Marschgepäck oder wie mühsam das Schreiben mit dem Griffel auf einer Wachstafel war. Alle 2 Jahre finden die **Halterner Römertage** statt, an denen Legionäre und Handwerker vor dem Museum das Lagerleben, römische Kampftechniken und römisches Handwerk hautnah erleben lassen.

Neben dem Museum entsteht als weiteres Highlight der **Römerpark Aliso,** benannt nach dem berühmten Römerlager aus der Zeit der Varusschlacht, dem einzigen Lager östlich des Rheins, das namentlich erwähnt wird. Auf knapp 5 Hektar werden eine Toranlage aus Holz, ein Teil der Holz-Erde-Mauer und Teile der Innenbebauung des Lagers originalgetreu rekonstruiert.

Info

LWL-Römermuseum Haltern am See, Weseler Straße 100, 45721 Haltern am See, Tel. (0 23 64) 9 37 60, Di.–Fr. 9–17, Sa./So. 10–18 Uhr, 4 €

❯ www.lwl-roemermuseum-haltern.de

Adresse
Schloss Oberwerries
Zum Schloss Oberwerries,
59073 Hamm, Tel. (0 23 88) 13 44,
Außengelände jederzeit frei zu-
gänglich, Innenbesichtigung bei
Veranstaltungen und auf Anfrage
❯ www.schloss-oberwerries.de

Anfahrt PKW
A 1, AS 81 Hamm/Bergkamen,
Ostenhellweg/Dortmunder Straße
(L 736) Richtung Hamm bzw. A 2,
AS 19 Hamm-Uentrop,
Dolberger Straße (L 822)
Richtung Ahlen/Hamm-Heessen,
in beiden Fällen der B 61 folgen;
Parkplatz am Schloss
(GPS 51.70471, 7.88774)

Anfahrt ÖPNV
Ab Hamm Hbf. Bus R 37 bis
Schloss Oberwerries,
etwa 400 Meter Fußweg

Essen + Trinken
**Café des Westfälischen
Turnerbundes**
tägl. 11–18 Uhr

Außerdem sehenswert:

61

Schloss
Oberwerries

Lippe

Datteln-Hamm-Kanal

2,5 km

4 km

Werries

1 Burg Mark

Maximilianpark **2**

N

Hamm

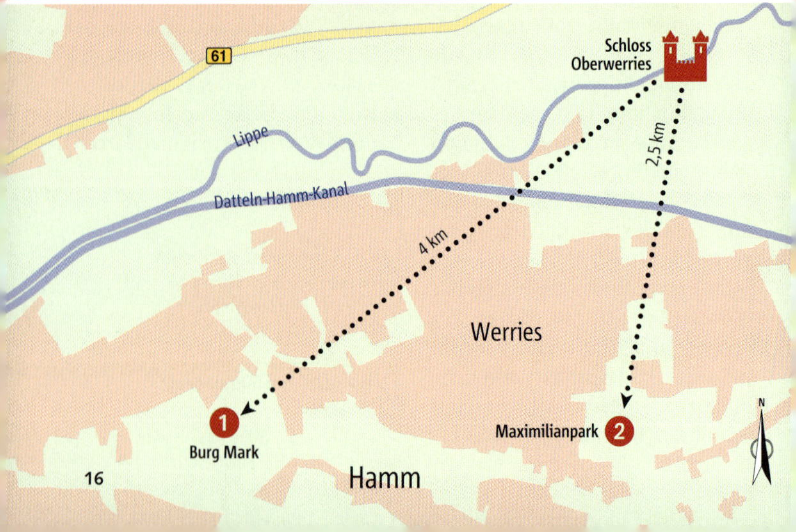

Wasserschloss Oberwerries

Barockes Idyll in
den Lippeauen

Die perfekte Kulisse für Feierlichkeiten

Schloss Oberwerries

Geschichte

Im Jahr 1284 wird Oberwerries erstmals als Lehnsbesitz Dietrichs von Limburg-Styrum urkundlich erwähnt. Ebenso wie das auf dem südlichen Lippeufer flussabwärts gelegene Gut Niederwerries geht es auf einen älteren mittelalterlichen Hof Werries zurück. Lehnsnehmer auf Oberwerries war zu dieser Zeit Engelbert von Herbern.

Das Geschlecht derer von Herbern starb im 15. Jahrhundert aus. Die Witwe des letzten Burgherren Lambert von Herbern verkaufte Oberwerries 1464 an Gerd von Beverförde. Die Familie von Beverförde begann 1667 mit dem Neubau eines repräsentativen Schlosses an der Stelle der alten Burg. Die Umbauarbeiten wurden bis 1692 durch Maria Ida von Beverförde und ihren Sohn Ferdinand von Beverförde abgeschlossen. Als Architekt wird der Kapuzinermönch Ambrosius von Oelde vermutet, der auch Schloss Ahaus und das Kapuzinerkloster Werne entworfen hatte.

Im 17. Jahrhundert erwarben die von Beverförde auch das benachbarte Gut Niederwerries. Friedrich Christian von Beverförde ließ es schließlich 1733 ab-

◄ S.

französische Soldaten, die sein Vieh requirieren wollten. Der Todesstrafe entkam er nur durch die spektakuläre Intervention seines einflussreichen Vetters Karl Friedrich von Elverfeldt, der durch einen Gewaltritt von Münster zum französischen Hauptquartier nach Mainz die Vollstreckung des Urteils verhindern konnte. Zum Dank adoptierte der tolle Werries Karl Friedrich von Elverfeldts Sohn Friedrich Clemens von Elverfeldt zu Dahlhausen und Steinhausen und setzte ihn kurz vor seinem Tod im Jahr 1768 als seinen Erben ein. Schloss Oberwerries blieb danach für etwa 160 Jahre unbewohnt und verfiel zusehends. Erst 1942 kam das Anwesen an die Stadt Hamm, die in der Nachkriegszeit die Ruine erst sichern und in den folgenden Jahrzehnten schrittweise sanieren ließ.

Anlage

In den Lippeauen bei Heessen liegt inmitten der grünen, von Flussaltarmen geprägten Natur das Wasserschloss Oberwerries. Von Norden führt die Zufahrt auf das Torhaus mit Walmdach und Dachreiter mit Welscher Haube zu. Auf der linken Seite liegt vor der Gräfte ein kleiner Garten in barockem Stil. Über die Gräfte und durch die sandsteingefasste Tordurchfahrt gelangt man in die Vorburg. Der Wappenstein über der Tordurchfahrt ist leider stark verwittert, aber eiserne Maueranker an der Außenfront des Torhauses bezeugen mit der Jahreszahl 1667, dass es sich um den ältesten erhaltenen Teil von Schloss Oberwerries handelt. Das Torhaus ist zu dieser Zeit allerdings nicht

reißen und die Steine beim Bau des Marstalls von Schloss Oberwerries verwenden, der zu dieser Zeit in der Vorburg nach Plänen des münsterischen Barockbaumeisters Johann Conrad Schlaun entstand.

Friedrich Christian von Beverförde, auch der Tolle Werries genannt, war der letzte derer von Beverförde auf Schloss Oberwerries. Seinen Beinamen erhielt er wohl wegen seiner draufgängerischen Art: Er duellierte sich mit einem kurkölnischen Minister und löste dadurch politische Konflikte aus, er trennte sich von seiner Ehefrau und im Siebenjährigen Krieg erschoss er zwei

Marstall

in die Gräfte ein mächtiger quadratischer Pavillonturm mit einem Mansarddach vorgelagert. Zwischen den Fenstern erkennt man aus schwarz gebrannten Backsteinen die Jahresangabe 1692, die den Abschluss der frühbarocken Umbauphase von Schloss Oberwerries anzeigt.

Man sollte sich auf jeden Fall die Zeit nehmen, zwischen dem Torhaus und dem Hausteich der Hauptinsel hindurchzugehen, um einen freien Blick in die Natur der Lippeauen zu genießen und auf der anderen Seite die mächtige, geschlossene Westfront des Herrenhauses auf sich wirken zu lassen.

Östlich des Pavillonturms steht in der Vorburg der schlaunsche Marstall mit Walmdach aus der Zeit zwischen 1730 und 1735. An das lang gestreckte Gebäude mit sandsteingefassten Fenstern und einer großen Toreinfahrt schließt sich nach Osten ein kleiner Hunde

komplett neu gebaut worden: Zugemauerte gotische Spitzbogenfenster lassen vermuten, dass sich hier ehemals die Schlosskapelle befand.

Rechts liegt die Hauptburginsel mit dem Herrenhaus, das man über eine steinerne Bogenbrücke erreicht. Die rot-weißen Fensterläden geben ihm ein pittoreskes Aussehen und heben es deutlich von den übrigen Gebäuden der Anlage ab. Im Winkel zwischen dem Westflügel und dem etwas kürzeren Südflügel führt eine Freitreppe auf die Eingänge der beiden Gebäudeteile zu. Das sandsteingefasste und mit dem Allianzwappen Maria Ida von Beverfördes und ihres Sohnes Ferdinand von Beverförde im Sprenggiebel bekrönte Portal des Westflügels zeigt, dass es sich hier um den Haupteingang bzw. um den Haupttrakt des Schlosses handelt. Dem Südflügel ist nach Osten

Nepumuk-Statue

Die Lippeauen am Schloss

zwinger an. Zu dieser Zeit wurde auch der Zugang zum Herrenhaus erneuert, wie die Jahreszahl 1733 im schmiedeeisernen Gitter an der Freitreppe bezeugt.

Durch den Verfall der Schlossanlage seit dem späten 18. Jahrhundert ist leider nur wenig von der originalen Ausstattung erhalten geblieben, darunter der Gewölbekeller unter dem Pavillonturm, einige Kamine und der Festsaal mit seiner restaurierten Stuckdecke.

Auf der dem Marstall gegenüberliegenden Seite der Vorburg steht das durch eine Glaskonstruktion an das Torhaus angeschlossene moderne Gebäude des Sport- und Qualifizierungszentrums des Westfälischen Turnerbundes, das sich durch eine zurückhaltende Architektur dezent in das historische Ensemble einfügt.

Heutige Nutzung

Das Herrenhaus von Schloss Oberwerries ist heute Bildungs- und Begegnungsstätte der Stadt Hamm und wird für Empfänge und andere Repräsentationszwecke genutzt. In den übrigen Gebäuden unterhält der Westfälische Turnerbund mit der Landesturnschule ein Sport- und Qualifizierungszentrum. Im Trauzimmer im Pavillonturm kann man standesamtlich heiraten.

Tipps + Termine

Einmal im Jahr findet auf Schloss Oberwerries der nach dem Baumeister des Schlosses benannte **Ambrosius-Weihnachtsmarkt** statt. Hier werden Kunsthandwerk, regionale Spezialitäten, Glühwein und Grünkohl angeboten.

❯ www.schloss-oberwerries.de

❶ Burg Mark

(4 km von Schloss Oberwerries)

Auf dem anderen Ufer der Lippe erbaute Graf Adolf I. von der Mark um 1200 eine Turmhügelburg und gründete 1226 von hier aus die Stadt Hamm. **Burg Mark** war bis 1391 als Stammburg der Herren von der Mark ein wichtiges mittelalterliches Verwaltungszentrum. Als sich die Grafschaft Mark und das Herzogtum Kleve vereinigten, wurde die Burg nicht mehr benötigt. Sie verfiel zunehmend, bis 1772 die Reste abgetragen wurden, um Material für Kasernenbauten in Hamm zu gewinnen. Schließlich brach man 1803 sogar die Fundamente heraus. Dennoch ist Burg Mark **eine der besterhaltenen mittelalterlichen Turmhügelburgen** Nord-

westdeutschlands. Die Zeit überdauert haben der kreisrunde Turmhügel der Hauptburg mit einem Durchmesser von 50 Metern und die tiefe Gräfte, die Haupt- und Vorburg heute noch umgibt. Der steile Aufstieg auf den Hügel

Natur + Erlebnis
Burg Mark, Soester Straße, 59071 Hamm, jederzeit frei zugänglich
❯ **www.fv-burgmark.de**

Kunst + Kultur
Gustav-Lübcke-Museum
Neue Bahnhofstraße 9, 59065 Hamm, Tel. (0 23 81) 17 57 01, 2,50 €

Essen + Trinken
Alte Mark, Alte Soester Straße 28, 59071 Hamm, Tel. (0 23 81) 9 80 60, Mo.–Sa. 17–24, So. 12–24 Uhr
❯ **www.alte-mark.de**

Die ehemalige Vorburg

verdeutlicht die einst gute Befestigung. Oben angekommen, sieht man den Grundriss des einstigen Wohngebäudes im Gelände markiert. Die Vorburg ist heute eine **parkähnlich gepflegte Anlage,** die zum Spazierengehen und Erholen einlädt. Funde aus den archäologischen Untersuchungen auf der Burg Mark befinden sich im **Gustav-Lübcke-Museum** in Hamm. Etwa 750 Meter von der Burg entfernt befindet sich das Hotel Restaurant Alte Mark, das Speisen für den großen und kleinen Hunger bereithält.

Der Glaselefant

② Maximilianpark

(2,5 km von Schloss Oberwerries)

Ein modernes Wahrzeichen der Stadt Hamm steht im **Maximilianpark:** Weithin sichtbar ist der **Glaselefant** des Künstlers Horst Rellecke, der auf dem Gelände der ehemaligen Zeche Maximilian als begehbare Skulptur an die ehemalige Kohlenwäsche angebaut ist. Anlässlich der Landesgartenschau 1984 entstand hier ein vielfältiges und kontrastreiches Parkareal mit blühenden Gärten, einem ehemaligen Haldengelände, Ruinen ehemaliger Zechengebäude, einem Teich- und Sumpfgebiet und dem Maximiliansee.

Vor allem das **größte Schmetterlingshaus Nordrhein-Westfalens** sollte man sich nicht entgehen lassen. Hier ist die Luft erfüllt von etwa 80 verschiedenen Arten tropischer Falter.

Nach der Parkerkundung laden die **Seeterrassen** zum Verweilen ein.

Info

- **Maximilianpark Hamm**
  Alter Grenzweg 2, 59071 Hamm, Tel. (0 23 81) 98 21 00, Okt.–März 10–19, Apr.–Sept. 9–21 Uhr (letzter Einlass jeweils 2 Stunden vor Schließung), 4,50 €
  ➤ www.maximilianpark.de
- **Seeterrassen**
  ➤ www.maxigastro.de

Adresse
Schloss Cappenberg
59379 Selm,
Tel. (0 23 06) 7 11 70,
Di.–So. 10–17 Uhr, 4 €

Stiftskirche Cappenberg
Kath. Pfarramt St. Johannes,
Schloss Cappenberg 1, 59379
Selm, Tel. (0 23 06) 5 05 11
❯ **www.stiftskirche-cappenberg.de**

Anfahrt PKW
A 1, AS 80 Hamm-Bockum/Werne,
L 518 Richtung Werne, Kreisver-
kehr 1. Ausfahrt Varnhöveler
Straße (K 19) Richtung Cappenberg
bzw. A 2, AS 13 Kreuz Dortmund-
Nordost, B 236 und B 54 Richtung
Lünen, rechts Cappenberger Straße
(L 810), halb rechts Straße
Schlossberg (K 19);
Parkplatz am Schloss
(GPS 51.65320, 7.53896),
etwa 350 Meter Fußweg

Anfahrt ÖPNV
Ab Lünen Hbf. Bus R 19 bis
Schloss Cappenberg bzw. Bus 530
bis Varnhöveler Straße, etwa 300
bzw. 400 Meter Fußweg

Essen + Trinken
Bio-Café Alte Kegelbahn
Tel. (0 23 06) 9 59 32 11,
Apr.–Sept. Mi.–So. 12–22 Uhr
❯ **www.cafe-kegelbahn.de**

Außerdem sehenswert:

Werne

Schloss
Cappenberg

6,5 km

5,5 km

Lippe

54

Datteln-Hamm-Kanal

233

Lünen

236

Bergkamen

61

1 Archäologischer Lehrpfad /
Römerlager Oberaden

N

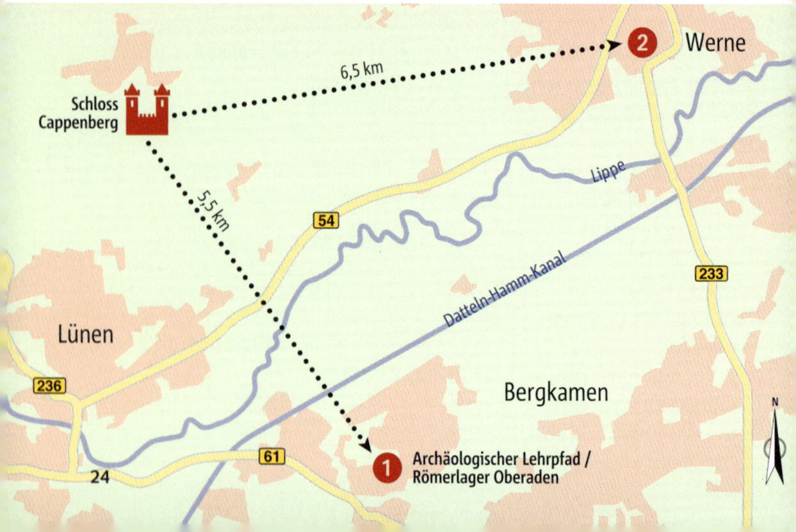

Schloss Cappenberg

Burg – Kloster –
Schloss – Museum

Remise

Vorburgareal

Schloss Cappenberg

Geschichte

Im Jahr 1092 wird die Burg Cappenberg erstmals urkundlich erwähnt. Zu dieser Zeit ist Gottfried I. von Cappenberg Herr der Anlage, die einer späteren Urkunde zufolge aber bereits sein Vater Hermann besessen haben soll. Graf Gottfrieds Sohn, Gottfried II. von Cappenberg, entschloss sich 1121/22, dem neu gegründeten Prämonstratenserorden beizutreten. Aber nicht nur er, sondern seine ganze Familie trat ins Kloster ein. Seine Besitzungen, allen voran Burg Cappenberg, wandelte er in Niederlassungen des Ordens um. Auf diese Weise entstand das erste Prämonstratenserstift auf deutschem Boden – und die Grafschaft Cappenberg verschwand von der Landkarte. Das Kloster entwickelte sich zum überregional bedeutenden religiösen Zentrum. In direkter Nachbarschaft hatte Gottfried auch ein Damenstift eingerichtet, dem seine Frau Ida von Arnsberg und seine Schwester Gerberga angehörten. Aus der Zeit der Klostergründung stammt auch die zwischen 1122 und 1149 errichtete romanische, später gotisch umgebaute und erweiterte Stiftskirche.

Gottfried starb 1127 im hessischen Ilbenstadt und wurde schließlich 1149 in Cappenberg bestattet.

Nach Zerstörungen im Dreißigjährigen Krieg wurde seit dem späten 17. Jahrhundert der Klosterkomplex als barocke Dreiflügelanlage in jahrzehntelangen Bauarbeiten erneuert. Lediglich die alte Stiftskirche behielt man bei.

Die Klostergeschichte in Cappenberg endete 1803 endgültig mit der Säkularisation; das Kloster wurde verstaatlicht und 1816 vom preußischen Staatsminister Heinrich Friedrich Karl von und zum Stein aufgekauft. Das Damenstift war zuvor wohl schon im 14. Jahrhundert eingegangen. 1926 erbte die Familie von Kanitz Schloss Cappenberg, nachdem die Linie der Freiherren von und zum Stein erloschen war.

Anlage

Fährt man aus Richtung Cappenberg zum Schloss, so geben etwa 500 Meter vor dem Portal zwei barocke Löwenplastiken mit Cappenberger Wappenschilden beiderseits der Freiherr-vom-Stein-Straße einen Vorgeschmack auf das Schloss. Das eigentliche schmiedeeiserne Tor mit vier Pfeilern wird von zwei großen Torhäusern flankiert. Dahinter erstreckt sich eine Gartenfläche mit einer heute als Gaststätte genutzten Kegelbahn, die aus der Zeit nach dem klösterlichen Betrieb stammt.

Die Stiftskirche ist das älteste erhaltene Gebäude der Anlage. Zwischen 1122 und 1149 als romanische Kirche errichtet, wurde der Bau im 14. und 15. Jahrhundert erweitert und gotisch überformt. So entstand eine dreischiffige, dreijochige Pfeilerbasilika mit Querschiff und einem Chor mit 5/8-Schluss. Die romanischen Fenster wurden verbreitert und zu gotischen Spitzbogenfenstern umgestaltet. Es gibt keinen Turm, sondern lediglich ein im 19. Jahrhundert nördlich des Chores errichtetes, frei stehendes Glockenhaus. An der Außenseite kann man gut die Spuren der Umbaumaßnahmen im Laufe der Zeit in Form von zugemauerten Türen und Fenstern erkennen. Heute steht der Bau frei im Innenhof der Anlage. Ältere Teile, wie z. B. der Kreuzgang des Klosters wurden bei den barocken Umbauarbeiten entfernt. Beeindruckend ist die Innenausstattung mit freigelegten Gewölbemalereien, dem um 1210/20 entstandenen Cappenberger Kruzifix und dem aufwendig geschnitzten Chorgestühl aus der ersten Hälfte des 16. Jahrhunderts. Die Altäre zeigen die Kreuzigung und Passion Christi (Jan Baegert, nach 1513) sowie die Gründungslegende des Prämonstratenserordens (Hermann Veltmann, 1696). Die wohl berühmtesten Stücke in der Stiftskirche sind aber die um 1320/30 entstandene Grabplatte für das Doppelgrab der Brüder Otto und Gottfried von Cappenberg an der Chorwand und die im südlichen Teil des Querhauses liegende Grabplatte Gottfrieds von Cappenberg aus der Zeit um 1300 bis 1330. Hier ist hinter Panzerglas auch der berühmte Cappenberger Barbarossakopf ausgestellt, ein um 1160 entstandenes vergoldetes Kopfreliquiar aus Bronze, das Kaiser Friedrich Barbarossa darstellt.

Das barocke dreiflügelige Kloster- bzw. spätere Schlossgebäude mit seinem einfach gehaltenen Satteldach zeigt sich im Vergleich mit dem Inneren der

Stiftskirche

Kirche wieder sehr schlicht. An den Ostflügel wurde in jüngerer Zeit eine moderne Erweiterung angebaut.
Zuletzt sollte man sich noch den Aufstieg auf den 1899 auf dem Gelände errichteten Wasserturm gönnen.

Heutige Nutzung

Schloss Cappenberg beherbergt heute im Haupttrakt eine Ausstellung zur Geschichte des Schlosses und des Klosters sowie zum Freiherrn von und zum Stein. Darüber hinaus bietet das Museum regelmäßig wechselnde Sonderausstellungen. Im Schloss sind auch das Archiv der Standesherrschaft Cappenberg und das Freiherr-vom-Stein-Archiv untergebracht.

Tipps + Termine

Auf Schloss Cappenberg wird von Frühling bis Herbst ein vielseitiges Musikprogramm geboten:

• **Vespermusik** in der Stiftskirche mit Renaissance- und Barockmusik, Apr.–Sept. 1. So.
Tel. (0 23 03) 27 18 41, 12 €

• **Cappenberger Orgelsommer** in der Stiftskirche mit internationalen Organisten, Apr.–Okt., Eintritt frei
❯ www.stiftskirche-cappenberg.de

• Eine Woche im Sommer steht ganz im Zeichen der Kammermusik, denn dann findet das **Musikfestival Schloss Cappenberg** statt,
Tel. (01 80) 6 05 04 00, 10–45 €
❯ www.musikfestival-schloss-cappenberg.de

Mittelschiff der Stiftskirche

❶ Archäologischer Lehrpfad/Römerlager Oberaden

(5,5 km von Schloss Cappenberg)

Um 11 v. Chr., als Drusus, der Stiefsohn von Kaiser Augustus, mit seinen Truppen weit nach Germanien vorzustoßen versuchte, entstand in Oberaden ein römisches Militärlager mit einer Gesamtfläche von 56 Hektar. Das **älteste und größte Römerlager in Westfalen** war seinerzeit der bedeutendste Stützpunkt in Germanien. Nur wenige Jahre später wurde es mit dem Ende der Drususfeldzüge wieder aufgegeben. Jahrzehntelange archäologische Untersuchungen haben ein ziemlich genaues Bild erbracht, wie es hier vor über 2000 Jahren ausgesehen hat. Das siebeneckige Lager mit vier Toren hatte eine Holz-Erde-Mauer mit vorgelagertem Spitzgraben von insgesamt 2,7 Kilometern Länge.

Diesem Bild kann man in Oberaden auf dem **Archäologischen Lehrpfad** nachgehen. Beginnend am Stadtmuseum, das im Erdgeschoss Funde aus den Ausgrabungen präsentiert, geben 15 Stationen die wichtigsten Informationen zum Römerlager Oberaden. Highlight ist die Rekonstruktion eines 35 Meter langen Teilstücks der **Holz-Erde-Mauer** mit einem kleinen Zwischenturm.

> **Kunst + Kultur**
> - **Archäologischer Lehrpfad Oberaden,** Stadtmuseum Bergkamen, Städtische Galerie „sohle 1", Jahnstraße 31, 59192 Bergkamen, Tel. (0 23 06) 3 06 02 10, jederzeit frei zugänglich
> - **Rekonstruktion Holz-Erde-Mauer,** Am Römerberg, 59192 Bergkamen, Mai–Sept. Sa./So. 14–17 Uhr, Eintritt frei

Rekonstruktion Holz-Erde-Mauer

Marktplatz

② Werne

(6,5 km von Schloss Cappenberg)

Das beschauliche Städtchen Werne prägen hübsche Fachwerkbauten. Der Markt wird beherrscht durch das zwischen 1512 und 1514 errichtete **historische Rathaus** mit seinem markanten Dreistaffelgiebel und der dahinter liegenden gotischen **St.-Christophorus-Kirche.** In der südlichen Altstadt sind Teile der **Stadtmauer** mit dem angrenzenden jüdischen Friedhof erhalten. An der Südmauer befindet sich das 1659 gegründete **Kapuzinerkloster St. Petrus und Paulus,** dessen Kirche nach Plänen Ambrosius' von Oelde errichtet wurde, der auch Schloss Ahaus und Schloss Oberwerries plante. Der bekannte Barockbaumeister wurde nach seinem Tod 1705 hier begraben.

◂ S. 16

Am Moormannplatz steht das um 1400 errichtete **Steinhaus,** ursprünglich Sitz des Drosten der Abtei Werden an der Ruhr, heute Stadtbücherei.

Kapuzinerkloster

Info

Historischer Stadtkern Werne,
Tourist-Information, Markt 19,
59368 Werne,
Tel. (0 23 89) 53 40 80
➤ www.werne-tourismus.de

04 Schloss Beck

Adresse
Freizeitpark Schloss Beck
Am Dornbusch 39,
46244 Bottrop,
Tel. (0 20 45) 51 34,
Frühjahr/Sommer u.
Herbstferien tägl.,
Sept. Sa./So. 9–18 Uhr, 11 €
➤ www.schloss-beck.de

Anfahrt PKW
A 31, AS 40 Kirchhellen, K 8,
Feldhausener Straße und
Warner-Allee, rechts Im Mandel;
Parkplatz Freizeitpark Schloss Beck
(GPS 51.61607, 6.97421)

Anfahrt ÖPNV
Ab Bottrop Hbf. RE 14, RB 43 und
44, SB 16 bis Feldhausen Bahnhof,
etwa 350 Meter Fußweg

Essen + Trinken
Restaurant Schlossschänke
und verschiedene **Imbisse** im
Freizeitpark

Außerdem sehenswert:

❶ Tetraeder S. 40   ❷ Movie Park Germany S. 41

[52]

[224]

Schloss
Beck

Gladbeck

1 km

❷
Movie Park
Germany

9,5 km

Haldenereignis
Emscherblick /
Tetraeder

[2]

❶

Bottrop

[31]

N

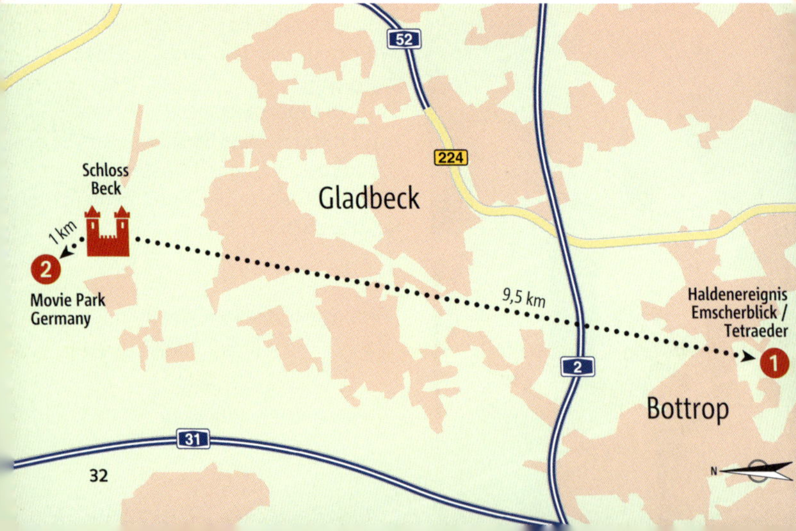

Vom Lustschloss
zum Freizeitpark

Kavaliershaus Schloss Beck

Movie Park

Schloss Beck ...

Schloss Beck

Geschichte

Kurz vor 1220 wird ein Hof van der Beke urkundlich erwähnt, der nach mehreren Besitzerwechseln 1660 an die Familie von der Wenge kam. Die daraus hervorgegangene Burg lag nördlich des heutigen Herrenhauses und war die Vorgängerin von Schloss Beck. Erste Planungen für das Barockschloss begannen bereits 1744. Der fürstbischöfliche Generalleutnant und münsterische Festungskommandant Friedrich Florenz Rhaban von der Wenge wollte den bestehenden Adelssitz lediglich umbauen. 1751 wurde dann doch ein kompletter Neubau erwogen. Finanzielle Schwierigkeiten verhinderten den Baubeginn jedoch noch bis 1766, dann wurde nach erneuter Umplanung mit dem Bau des heutigen Komplexes be-

... und Freizeitpark

gonnen und dieser 11 Jahre später fertiggestellt.

1850 übernahm die Familie von Wolff-Metternich Schloss Beck und weitere Besitzungen der von der Wenges. Sie verkauften Schloss Beck 1958 weiter an die Herner Bergwerksgesellschaft Hibernia, die es später an den Verband Westfälisch-Lippischer Jugendbildungsstätten verschenkte. 1966 erwarb der Kaufmann Karl Kuchenbäcker das mitt-

Tipps + Termine

- Jeden Montag ist **Becki-Tag** mit ermäßigtem Eintritt, 8 €
- Über das Jahr finden zahlreiche Veranstaltungen statt, darunter **Kinder- und Barockfeste sowie Lesungen**
  ➤ www.schloss-beck.de

lerweile stark verfallene Schloss; seitdem wird dort stetig saniert.

Anlage

Der in leuchtendem Gelb getünchte spätbarocke Schlosskomplex stammt aus der Feder des bekannten Baumeisters Johann Conrad Schlaun. Von Westen führt eine Brücke mit zwei Torpfeilern über die Gräfte in den Schlosshof und den hinter dem Herrenhaus anschließenden Park. Beiderseits des Wegs liegen zwei Kavaliershäuser und niedrige zweigeschossige Wirtschaftsgebäude aus Backstein mit großen Luken in den Walmdächern. Der Weg führt direkt auf das in der Art des Maison de plaisance (Lustschloss) angelegte Haupthaus zu. Die Fassade des hohen zweigeschossigen Gebäudes mit Mansardwalmdach hebt sich durch seine blaugrau geschlämmte Werksteingliederung, den hohen Kellersockel und den dreiseitigen Mittelrisalit deutlich von den übrigen Bauten ab.

Im Schloss kann man noch die originale Raumanordnung des 18. Jahrhunderts bewundern. Den Besucher erwartet als Entrée ein rundes Vestibül mit Stuckpilastern und daran anschließend ein ovaler Saal mit geschnitzter Wandverkleidung sowie bemalten und stuckierten Decken. Rechts des Vestibüls befinden sich ein Speiseraum und ein großes Kabinett, das ursprünglich als Schlosskapelle geplant war. Links schließen sich eine Treppe ins Obergeschoss und eine kleine Kapelle, dahinter ein Archivraum an. Der Altar des Bildhauers Joseph Ignatius Feill in der Schlosskapelle zeigt die Bekehrung des Hubertus durch einen Hirsch mit einem Kruzifix im Geweih.

Im Obergeschoss schließt sich an einen Vorraum über dem Vestibül ein Billardsaal mit klassizistischen Elementen an.

Park

Der Schlosspark ist nach dem Tod Friedrich Florenz Rhaban von Wenges und Johann Conrad Schlauns von Clemens August von der Wenge entgegen Schlauns Plänen als englischer Landschaftsgarten angelegt worden. Mit dem Verfall der Anlage verwilderte auch das Parkareal. Eine 1774 gestiftete und später im Schlosspark aufgestellte Statue des heiligen Johannes Nepomuk, Schutzpatron der Brücken, wurde 1997 restauriert. 2000/2001 wurde die Teichanlage in der Gräfte saniert, sodass man hier heute Tretboot fahren kann. 2005 wurde der Schlosspark wieder als Barockgarten hergerichtet.

Heutige Nutzung

Schloss Beck wird heute mitsamt den umgebenden Gartenanlagen als Familienfreizeitpark betrieben, der neben klassischen Kletter- und Spielgeräten ein Riesenrad, eine Wellenrutsche und eine Familienachterbahn bereithält. Auf einem Baumwipfelpfad kann man die luftigen Höhen des Parks erkunden.

Ein Großteil der historischen Räume im Schloss steht Besuchern zur Besichtigung offen. Dort sind Dioramen mit bewegten Figuren zu bestaunen. Der Schlosskeller lehrt mutigen Besuchern als Gruselkeller das Fürchten. Bei schlechtem Wetter stehen Indoor-Spielhäuser zur Verfügung.

Ovaler Saal im Schloss Beck

Schloss Beck

Tetraeder

Natur + Erlebnis
**Haldenereignis Emscherblick/
Tetraeder,** Beckstraße,
46238 Bottrop,
jederzeit frei zugänglich

❶ Haldenereignis Emscher-
blick/Tetraeder

(9,5 km von Schloss Beck)

In Bottrop-Batenbrock wartet ein
ungewöhnlicher Aussichtspunkt
auf schwindelfreie Besucher: das
Haldenereignis Emscherblick
mit dem **Tetraeder.** Die begehbare
dreiseitige Stahlrohrpyramide mit
Seitenlängen von je 60 Metern
steht auf vier jeweils 9 Meter hohen Stahlbetonpfeilern. Sie wurde
1995 zur Internationalen Bauausstellung *Emscher Park* auf der

Halde Beckstraße, einer Abraum-
halde der Zeche Prosper-Haniel,
errichtet. Der Aufstieg gelingt am
schnellsten über die **Diretissima,**
eine fast 400 Stufen lange Treppe.
Gemächlicher geht es über einen
in Serpentinen verlaufenden Weg
am Hang. Oben angekommen,
steht man auf der eindrucksvollen
Menge von 11,8 Millionen Kubikmeter Gestein und vor der nicht
minder eindrucksvollen Menge
von 210 Tonnen Stahl mit einer
Gesamtrohrlänge von 1,5 Kilometern. Drei **beweglich aufgehängte
Plattformen** in 18, 32 und 38 Metern Höhe bieten einen atemberaubenden Ausblick auf die Umgebung.

❷ Movie Park Germany

(1 km von Schloss Beck)

In unmittelbarer Nachbarschaft zur historischen Anlage Schloss Beck liegt der **Movie Park Germany.** Hier waren seit 1967 der Kirchhellener Märchenwald, der Traumlandpark, der Bavaria Film Park und seit 1996 die Warner Bros. Movie World angesiedelt, die 2005 ihren heutigen Namen erhielt. Der 45 Hektar große Park bietet mit vielen Attraktionen und Fahrgeschäften zum Thema Film ein Freizeitvergnügen für die ganze Familie. Fünf Themenbereiche mit rund 40 Attraktionen und Shows nehmen den Besucher mit in die Welt der Hollywood-Blockbuster. Einmal im Jahr zieht das **Halloween Horror Fest** zahlreiche kostümierte Besucher an.

Info

Movie Park Germany
Warner Allee 1,
46244 Bottrop,
Tel. (0 20 45) 89 98 99,
35 €, variierende Öffnungszeiten
❯ **www.movieparkgermany.de**

Abends im Movie Park

05 Schloss Schwansbell

Adresse

Schloss Schwansbell
Schwansbeller Weg 34,
44532 Lünen

Museum der Stadt Lünen
Schwansbeller Weg 32,
44532 Lünen,
Tel. (0 23 06) 1 04 16 49,
Apr.–Sept. Di.–Fr. 14–18,
Sa./So. 13–18,
Okt.–März Di.–Fr. 14–17,
Sa./So. 13–17 Uhr, 1 €

Anfahrt PKW

A 2, AS 13 Kreuz Dortmund-
Nordost, B 236 Richtung Lünen,
rechts Dortmunder Straße (B 54),
rechts Kurt-Schumacher-Straße
bzw. AS 15 Kamen/Bergkamen,
Lünener Straße (B 61) Richtung
Lünen, links Kurt-Schumacher-
Straße, links Bebelstraße (L 556),
links Seelhuve;
Parkplatz am Museum
(GPS 51.60386, 7.53856)

Anfahrt ÖPNV

Ab Lünen Hbf. Bus C 4/14,
C 5, R 11 bis Seelhuve bzw.
Bus R 12 bis Volkspark,
etwa 950 bzw. 700 Meter Fußweg

Außerdem sehenswert:

1 Spurwerkturm S. 48   **2** Haus Heeren S. 49

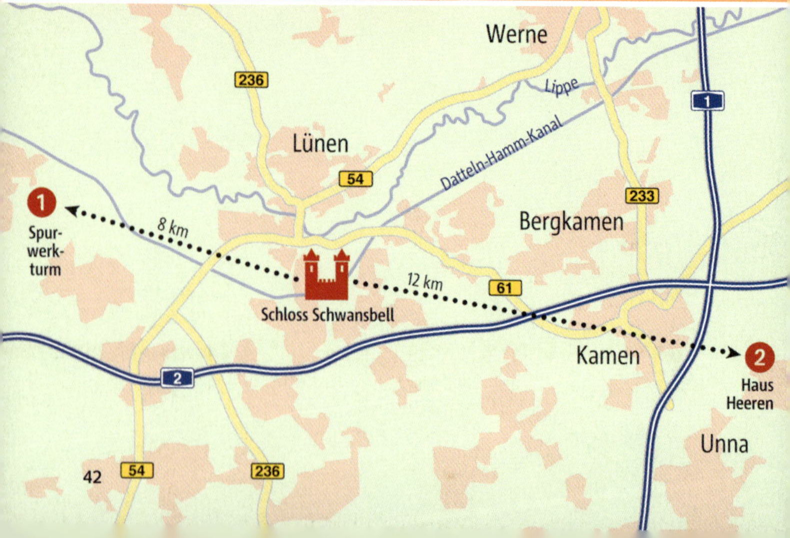

Werne

Lünen

Lippe

Datteln-Hamm-Kanal

1
Spur-
werk-
turm

8 km

Bergkamen

Schloss Schwansbell

12 km

Kamen

2
Haus
Heeren

Unna

Schloss Schwansbell

Wo einst die Schwäne mit den flinken Beinen wohnten ...

Wirtschaftsgebäude

Schloss Schwansbell

Geschichte

Ende des 10. Jahrhunderts taucht in mittelalterlichen Urkunden der Name Svanasbuglia auf. Er soll angeblich mit Wohnsitz der Schwäne zu übersetzen sein. Eine andere Erzählung berichtet, der Name Schwansbell sei den Rittern von Schwansbell, einem Ministerialen-geschlecht, das hier seinen Stammsitz hatte, von Karl dem Großen verliehen worden. Angeblich konnten sie sehr schnell auf das Pferd steigen, sodass Karl sie Swanebolle – *Hurtige Beine* – nannte und ihnen drei Steigbügel als Wappen verlieh. Diese Legende lässt sich vermutlich auf den Versuch zurückführen, seinem Geschlecht ein hohes Alter und eine Legitimation direkt von

Tipps + Termine
Gruppenführungen durch
das Museum werden auf Anfrage
angeboten,
Tel. (0 23 06) 1 04-17 78

von Schwansbell, der im 13. Jahrhundert auf einem Kreuzzug im Baltikum gefangengenommen worden sein soll. Der Legende nach schnitzte er in Haft ein Marienbild, das nach der Beschädigung durch den Schwert- oder Messerhieb eines Wächters blutete. Nach seiner Freilassung schenkte Lubbert der Marienkirche in Altlünen drei Blutstropfen des Marienbildes als Reliquie. Heinrich Adolph von Schwansbell verkaufte Burg Schwansbell 1700 an seinen Schwiegersohn Heinrich Wennemar von Merode. 1776 wurde sie versteigert, neuer Eigentümer wurde die Familie von Diepenbroick, ab 1845 schließlich die Familie von Westerholt. Nach einem Brand im Jahr 1853 wurde auf der Vorburg das heute noch vorhandene Wirtschaftsgebäude errichtet. Wilhelm von Westerholt ließ zwischen 1872 und 1875 das neue Schloss bauen und danach die alte Burg abreißen.

Im Jahr 1929 ging Schloss Schwansbell in den Besitz der Stadt Lünen über. Während des Nationalsozialismus wurde hier eine Gebietsführerschule der Hitlerjugend betrieben. Zeitweilig diente es auch als Soldatenunterkunft sowie als Wehrertüchtigungs- und Kriegsgefangenenlager. Gegen Ende des Zweiten Weltkriegs richtete man auf den Türmen Flakstellungen ein. Nach Kriegsende wurden Flüchtlinge im Schloss untergebracht, später diente es auch als

Karl dem Großen selbst zu bescheinigen. Wie auch immer – das Wappen derer von Schwansbell trägt im Schild drei Steigbügel.

Um 1150 wird mit Herbord von Schwansbell der erste Angehörige derer von Schwansbell namentlich genannt. Die Familie diente im Mittelalter als Ministeriale verschiedener Landesherren, bekanntester Vertreter ist Lubbert

Freitreppe zum Schloss

Waisenhaus. In den 1980er-Jahren wurde das mittlerweile stark in Mitleidenschaft gezogene Schloss in Privatinitiative saniert.

Anlage

Heute führt der Schwansbeller Weg von Westen am Hausteich der ehemaligen Burg Schwansbell vorbei in die Vorburg. Hier steht das Wirtschaftsgebäude im Rundbogenstil aus dem Jahr 1853, ein Backsteinbau mit zweigeschossigem Mittelrisalit als Eingangsbereich. Über dem Risalit befindet sich ein achteckiger Dachreiter.

Nach Süden führt eine Brücke über den noch erhaltenen Teil der Gräfte zum Herrenhaus, das mit seinem gelben Verputz in deutlichem Kontrast zum Wirtschaftsgebäude der Vorburg steht. Der auffällige neugotische Bau mit zwei achteckigen Türmen mit Zinnenkranz an der Nordseite wurde zwischen 1872 und 1875 von dem Dortmunder Architekten Fritz Weber gebaut. In der Mitte der Nordseite ist auf drei Fensterachsen ein Mittelrisalit vor die Fassade gesetzt. Im zweiten Geschoss befindet sich eine Loggia mit einem darüberliegenden Altan im dritten Geschoss. Den Abschluss bildet ein Stufengiebel über der Dachtraufe des Walmdachs.

An der schmaleren Ostseite befindet sich der Eingang zum Schloss mit einer zweiarmigen Freitreppe mit schmiedeeisernem Gitter. Über dem Portal ist das Wappen derer von Westerholt-Gysenberg angebracht, das von zwei Schwänen gehalten wird. Von Südosten führte hier ehemals eine Allee durch den Schlosspark auf das Herrenhaus zu, die aber kaum noch erkennbar ist.

Das neue Schloss liegt südlich des alten Hausteichs, in dem früher die Burg Schwansbell stand. Von ihr zeugt noch die Garteninsel im Hausteich, die auf den Fundamenten angelegt wurde. Gut erkennbar ist noch der Sockel eines Rundturms, der heute einen offenen Pavillon trägt.

Park

Das neue Schloss ist von einer großzügigen Parkanlage umgeben, die passend zum Herrenhaus im Stil der englischen Neugotik als Landschaftspark gestaltet ist. Die Garteninsel im Hausteich gehört ebenfalls zur Anlage, ist aber nicht zugänglich. Der alte Baumbestand umfasst exotische Gehölze aus Nordamerika und Südostasien, wie z. B. Robinien, Tulpen- und Trompetenbäume und Christusdorn.

Heutige Nutzung

Das Herrenhaus von Schloss Schwansbell ist privat vermietet und kann nur von außen besichtigt werden. Dafür wird man durch das im Wirtschaftsgebäude der Vorburg untergebrachte Museum der Stadt Lünen entschädigt, das die Stadt- und Regionalgeschichte, Wohnkultur des 19. und frühen 20. Jahrhunderts, landwirtschaftliche Haus- und Arbeitsgeräte, eine Puppen- und Spielzeugsammlung und vieles mehr präsentiert.

Schlosspark

Natur + Erlebnis
Spurwerkturm, Hiberniastraße 5
(Halde Brockenscheidt),
45731 Waltrop,
jederzeit frei zugänglich

❶ Spurwerkturm

(8 km von Schloss Schwansbell)

Auf dem 14 Meter hohen Plateau der Halde Brockenscheidt wurde im Jahr 2000 der **Spurwerkturm** errichtet, der seinen Namen dem verwendeten Baumaterial verdankt: Es wurden alte Spurlatten zu einer 1 Kilometer langen **pyramidenstumpfförmigen Gitterkonstruktion** von insgesamt 20 Metern Höhe und einer Grundfläche von 25 mal 25 Metern zusammengesetzt. Spurlatten dienen in Bergwerksschächten zur Führung der Förderkörbe – sie halten sie in der Spur. Auf diese Weise erinnert der Turm nicht nur an die Bergwerkstradition der Region, sondern ermöglicht von seiner **Aussichtsplattform** in 12 Metern Höhe auch einen sehr guten Rundblick über die nahe gelegenen ehemaligen Zechen Waltrop und Minister Achenbach mit dem futuristisch anmutenden Colani-Ei.

Spurwerkturm

Vorburg Haus Heeren

Info
- **Haus Heeren,** Heerener Straße 177, 59174 Kamen, Außenbesichtigung Mo.–Fr. bis 18 Uhr
- **Ev. Pfarrkirche,** Heerener Straße 175, und **Altes Pfarrhaus,** Heerener Straße 144, 59174 Kamen, Tel. (0 23 07) 4 20 08
- ❯ www.ek-heeren-werve.de

❷ Haus Heeren

(12 km von Schloss Schwansbell)

Haus Heeren in Kamen ist ein schönes Beispiel frühbarocker Baukunst in Westfalen. Das Wasserschloss wurde 1606 durch **Gisbert von Bodelschwingh und Katharina von der Recke-Heeren** erbaut und 1857 um einen poly-gonalen Erker an der Nordostecke erweitert. Durch eine dreibogige Brücke ist das Herrenhaus mit der dreiflügeligen Vorburg im Süden verbunden, im Norden und Westen schließt sich ein **Schlosspark** mit einer kleinen **Orangerie** an.

Haus Heeren ist als privat bewohntes Schloss der Familie von Plettenberg-Heeren zwar nur eingeschränkt von außen zu besichtigen, dafür wird man vor Ort mit einem historischen Ensemble aus **spätgotischer evangelischer Pfarrkirche** mit neugotischen Erweiterungen und dem gegenüberliegenden klassizistischen **alten Pfarrhaus** entschädigt.

06 Schloss Herten

Adresse

Schloss Herten
Im Schlosspark 20, 45699 Herten,
im Rahmen von Veranstaltungen
ganzjährig geöffnet

Schlosspark
jederzeit frei zugänglich

Anfahrt PKW

A 2, AS 7 Herten, Gelsenkirchener
Straße (L 638) Richtung Herten,
über Ewaldstraße, Theodor-Heuss-
Straße, Konrad-Adenauer-Straße
und Resser Weg bzw. A 43,
AS 11 Recklinghausen/Herten,
Akkoallee (L 622) Richtung Herten,
über Konrad-Adenauer-Straße und
Resser Weg;
Parkplatz Im Schlosspark
(GPS 51.59281, 7.12742),
etwa 300 Meter Fußweg

Anfahrt ÖPNV

Ab Recklinghausen Hbf.
Bus 249 bis Schloss Herten,
etwa 400 Meter Fußweg

Essen + Trinken

Schlossgastronomie Herten
Schlossgespenst GmbH,
Im Schlosspark 15, 45699 Herten,
Tel. (0 23 66) 8 21 12,
Di.–Fr. 13–18, Sa./So. 11–19 Uhr
❯ **www.schloss-gastro.de**

Außerdem sehenswert:

❶ Schloss Westerholt S. 56   **❷ Schiffshebewerk Henrichenburg S**

Marl
225
Oer-Erkenschwick
Datteln
Recklinghausen
Schiffshebewerk
Henrichenburg
❷
Schloss
Westerholt
14 km
❶ ◀ 3 km
Schloss Herten
2
235
43
Gelsenkirchen
Castrop-Rauxel
50
226
Emscher
42
N

Spätgotisches Juwel
im englischen Park

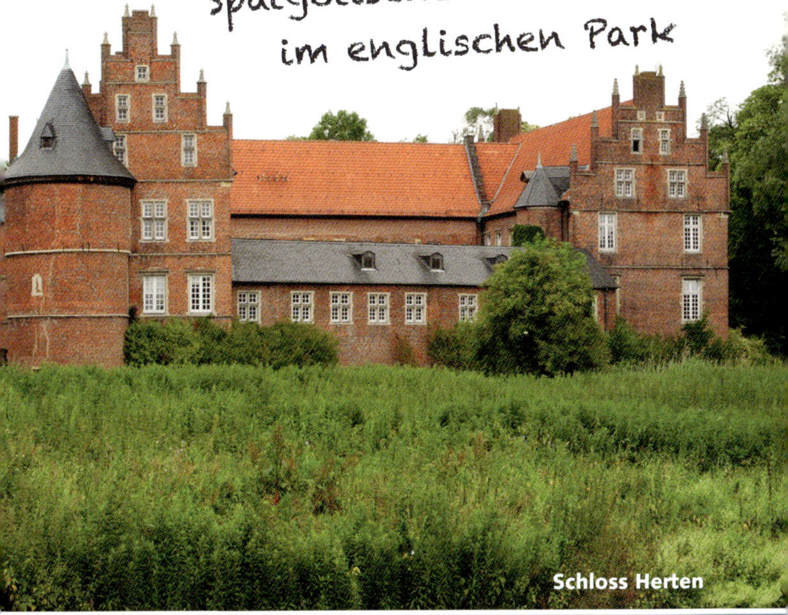

Schloss Herten

Schiffshebewerk Henrichenburg

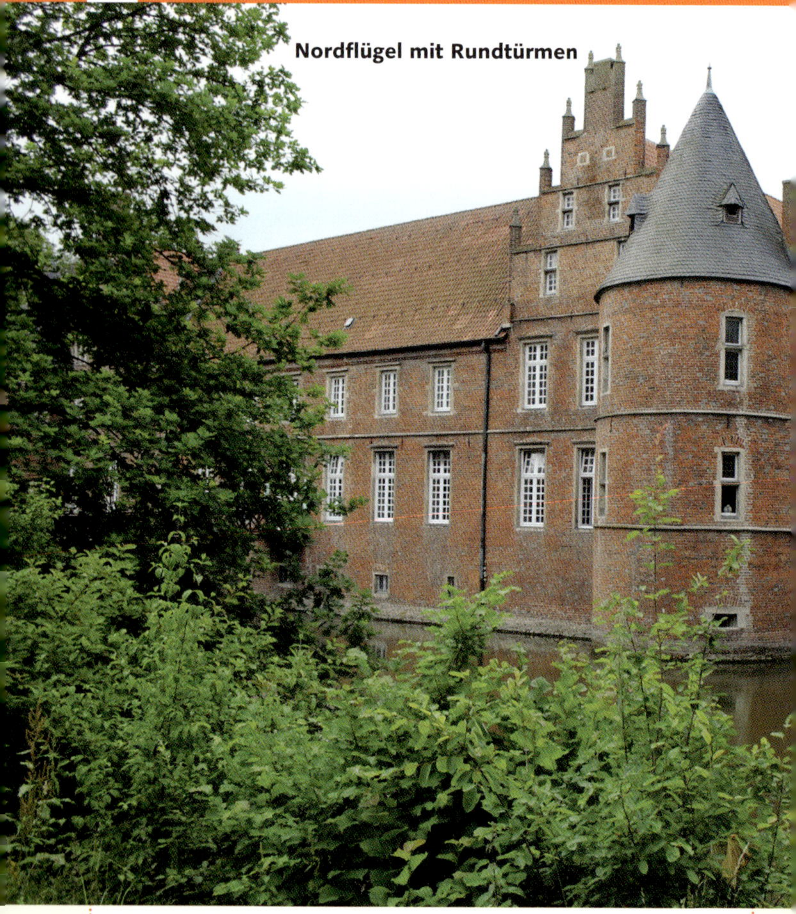
Nordflügel mit Rundtürmen

Tipps + Termine

- Zu Pfingsten ist Schloss Herten Schauplatz des mehrtägigen **Kunstmarkts** mit Musikveranstaltungen und Bühnenprogramm
- Einmal im Jahr finden mit dem **Lichterwald** ein großer Weihnachtsmarkt, eine **Hochzeitsmesse,** Vorträge, Lesungen und Theateraufführungen statt
- Auch die **Hertener Schlosskonzerte** bieten ein abwechslungsreiches Klassikprogramm, ab 12,50 € ➤ **www.herten.de**
- Ein Highlight ist das **Klavierfestival Ruhr**, eines der größten Pianistentreffen Deutschlands ➤ **www.klavierfestival.de**

Burg. 1488 kam sie wiederum durch Heirat an Dietrich von Stecke zur Leythe. Um 1520 begann die Familie von Stecke mit dem Umbau der Burg. 1529 heiratete Sophie von Morrien, die Witwe Heinrichs von Stecke den bergischen Adligen Bertram von Nesselrode, der als neuer Schlossherr ab 1530 die bereits begonnenen Bauarbeiten fortsetzen ließ.

Nach einem verheerenden Brand im Jahr 1687 ließ Franz von Nesselrode das Schloss bis 1702 wiederherstellen. Mit Johann Franz Josef von Nesselrode starben 1826 die von Nesselrode in Herten aus und das Schloss ging an die Familie von Droste zu Vischering, die nach dem Ersten Weltkrieg wegzog und das Anwesen aufgab. Während der Ruhrbesetzung 1923 bis 1925 waren französische Truppen einquartiert, die das Schloss in einem sehr schlechten Zustand hinterließen. Später kamen noch massive Bergschäden hinzu. Seit 1974 gehört das Schloss dem Landschaftsverband Westfalen-Lippe, der Schlosspark seit 2008 der Stadt Herten.

Anlage

Am Beginn der langen Zufahrt von Norden zur Vorburg stehen zwei Kavaliershäuser mit Mansarddächern aus der zweiten Hälfte des 19. Jahrhunderts. Folgt man der Allee weiter nach Süden vorbei am Schlaunhaus, sieht man links die Gräfte und die Brücke zur Schlossinsel.

Auf der Vorburg liegt das zweiflügelige Bauhaus aus Backstein aus dem 16. Jahrhundert, das später vielfach umgebaut wurde und dessen Nordflügel eine Ruine ist. Die östlich daran anschlie-

Schloss Herten

Geschichte

Im Jahr 1376 wurde Burg Herten als Lehen der Reichsabtei Werden erstmals urkundlich erwähnt. Zu dieser Zeit sind aber nicht mehr die schon in der zweiten Hälfte des 13. Jahrhunderts genannten Ritter von Herten, sondern durch Heirat die Familie von Galen Herren auf der

Vorburg

ßende kleine gotische Schlosskapelle mit barocker Innenausstattung gehört eigentlich gar nicht hierher. Sie stammt von Schloss Grimberg in Gelsenkirchen und ist erst 1908 hierhin gebracht worden, ebenso das vor der Kapelle stehende Portal des abgerissenen Schlosses.

Eine Brücke führt von der Vorburg nach Osten auf die vierflügelige Hauptburg zu. Die bis auf den Südflügel zweigeschossige Anlage mit Satteldächern und Stufengiebeln mit Türmchen wird durch drei mächtige Rundtürme mit Kegeldach eingerahmt, die ihr ein trutziges Aussehen verleihen.

Durch den Westflügel tritt man durch ein figurengeschmücktes Portal in den Innenhof der Hauptburg. Die Inschriften in den Zierrahmen beiderseits des Tors geben Informationen zu den Besitzern und das Jahr 1702 als Zeitpunkt der Wiederherstellung des Schlosses an. Links liegt der Nordflügel mit zwei Treppentürmen, zwei Freitreppen an den Seiten und einem Rundbogenportal mit stark verwittertem Wappenstein. Deutliche Bauspuren in der Fassade zeugen von umfangreichen Umbaumaßnahmen an diesem Gebäudeteil. Auf der anderen Seite stechen sofort der efeubewachsene polygonale Treppenturm des Ostflügels und der niedrige, schräg verlaufende Südflügel mit vorgelagertem Säulengang ins Auge. Um das Gebäude zu erhalten, mussten unter anderem Stahlbetondecken eingezogen und die Dächer komplett ersetzt werden. Daher sind lediglich im Ostflügel im Festsaal noch ein Teil des barocken Deckengemäldes aus der Mitte des 17. Jahrhunderts und im kleinen Saal die Stuckdecke aus der Zeit um 1700 erhalten. Unter dem Nordflügel liegt ein Keller mit Kreuzrippengewölbe aus dem 14./15. Jahrhundert.

Park

Ursprünglich als barocker Garten angelegt, präsentiert sich der Schlosspark heute als englischer Landschaftspark. Über eine hölzerne Brücke gelangt man vom Nordflügel über die Gräfte in das weitläufige Areal. Mit der Ruine der Orangerie, dem Tabakhaus, einem kleinen Gartenpavillon, in den man sich früher zum – im Schloss nicht erlaubten – Rauchen begab, und einigen erhaltenen Alleen ist das barocke Gartenkonzept noch gut zu erkennen.

Zwischen 1814 und 1817 gestaltete Maximilian Friedrich Weyhe die Anlage entsprechend dem Zeitgeschmack mit über 300 Baumarten und geschwungenen Wegen um. Man findet hier teils exotische Gehölze, wie chilenische Schirmtannen und Taschentuchbäume, Maiglöckchenbäume, einen Trompeten- und einen Judasbaum, Magnolien und einheimische Arten, wie Ross- und Esskastanien, Hain- und Rotbuchen und Eichen.

Heutige Nutzung

Auf Schloss Herten finden im Jahresverlauf zahlreiche Kulturveranstaltungen statt. Zu diesen Gelegenheiten kann man einen Blick in die noch erhaltene barocke Innenausstattung des Ostflügels werfen. Im Gewölbekeller im Nordflügel informiert eine Ausstellung über Flora und Fauna des Schlossparks. Nach einem Spaziergang im weitläufigen Schlosspark bietet die Schlossgastronomie mit Restaurant und Café Gelegenheit zur Entspannung. Hochzeits-Romantiker kommen bei einer Zeremonie in der Schlosskapelle und anschließender Feier im Fest- oder Barocksaal voll auf ihre Kosten.

Schlosskapelle

❶ Schloss Westerholt

(3 km von Schloss Herten)

Die Familie von Westerholt wird schon 1193, die Burg erst 1359 urkundlich erwähnt. Im 16. Jahrhundert wurde sie im sogenannten Truchsessischen Krieg belagert und schließlich erobert. Ende des Dreißigjährigen Krieges waren die Gebäude in einem sehr schlechten Zustand und das Adelsgut hoch verschuldet. Nachdem 1671 noch das Bauhaus in der Vorburg abgebrannt war, entschloss man sich zum Bau neuer Wirtschaftsgebäude. Anfang des 18. Jahrhunderts kam ein zweistöckiger Wohntrakt hinzu, das baufällige alte Burghaus stürzte schließlich 1708 ein. Weitere Umbauten fanden in der zweiten Hälfte des 18. Jahrhunderts statt.

Die Schlossanlage liegt auf drei miteinander verbundenen Inseln in der weitläufigen Gräfte. Das **klassizistische Herrenhaus** auf der größten, östlichen Insel wurde 1833 nach einem Brand durch **Wilhelm Ludwig von Westerholt-Gysenberg** neu errichtet. Die **Nebengebäude** aus unverputztem Backstein und das **Schlosstor** stammen aus den Jahren 1867 bis 1870, lediglich die **Alte Rentei** am Ostende des Komplexes gehört noch zum alten Ge-

Kunst + Kultur
• **Schloss Westerholt** mit englischem Landschaftspark und Golfplatz
• **Altes Dorf Westerholt** mit Fachwerkbauten, Mühlenpforte und Kirche St. Martini

Essen + Trinken
Hotel Schloss Westerholt
Schlossstraße 1, 45701 Herten,
Tel. (02 09) 14 89 40
▸ www.schlosshotelwesterholt.de

Schloss Westerholt

bäudebestand vor dem großen Brand. Auf der mittleren Insel befinden sich die gräfliche Rentei und das sogenannte **Vogelhaus,** das für die ornithologischen Sammlungen Wilhelms von Westerholt gebaut wurde. Heute wohnt hier die Familie von Westerholt.

Große Teile des **englischen Gartens** werden heute als **Golfplatz** genutzt, das Herrenhaus bietet als **Hotel Schloss Westerholt** Unterkunft für Publikum mit gehobenen Ansprüchen.

Das **alte Dorf Westerholt** versprüht mit mehr als 60 Fachwerkhäusern aus dem 17. Jahrhundert, engen Gassen, der Mühlenpforte und nicht zuletzt mit der spätgotischen Pfarrkirche St. Martini und ihrer frei stehenden Turmruine einen mittelalterlichen Charme. Zu Recht nennt man es auch das Westfälische Rothenburg.

❷ Schiffshebewerk Henrichenburg
(14 km von Schloss Herten)

Im **Schleusenpark Waltrop** war das **Schiffshebewerk Henrichenburg** von 1899 bis 1969 für den Schiffsverkehr auf dem Dortmund-Ems-Kanal im Einsatz, bis es vom neuen Hebewerk abgelöst wurde. Beide Hebewerke waren ein wichtiger Bestandteil des Kanals, der nur so durchgängig bis

LWL-Industriemuseum

Info
LWL-Industriemuseum
Schiffshebewerk Henrichenburg
Am Hebewerk 2, 45731 Waltrop,
Tel. (0 23 63) 9 70 70,
Di.–So. 10–18 Uhr, 4 €
❯ www.schiffshebewerk-
   henrichenburg.de

zum Dortmunder Hafen befahren werden konnte. Im alten Hebewerk bewältigte man den Höhenunterschied von 14 Metern in nur 45 Minuten – viel schneller als mit herkömmlichen Schleusen. Das alte Schiffshebewerk mit seiner markanten **Eisenfachwerkkonstruktion** ist heute ein **Industriemuseum,** in dem die Maschinenhalle besichtigt und die Stahlbrücke zwischen den Türmen bestiegen werden kann. Im Vorhafen liegen historische Schiffe und schwimmendes Arbeitsgerät.

Adresse

**Wasserschloss Haus Wittringen
Museum der Stadt Gladbeck**
Burgstraße 64, 45964 Gladbeck,
Tel. (0 20 43) 2 30 29,
Nov.–März Di.–Sa. 12–18,
So. 11–18, Apr.–Okt. Di–So. 11–18
Uhr, Eintritt frei
➤ **www.museum-gladbeck.de**

Anfahrt PKW

A 2, AS 5 Essen/Gladbeck,
Essener Straße (B 224),
links Bohmertstraße,
rechts Burgstraße;

Parkplatz am Schloss
(GPS 51.56069, 6.98185)

Anfahrt ÖPNV

Ab Gladbeck Bf. (Ost) Bus 255 bis
Gladbeck Oberhof, weiter mit Bus
189 bis Stadion, etwa 500 Meter
Fußweg

Essen + Trinken

**Restaurant Wasserschloss
Wittringen**
Tel. (0 20 43) 2 23 23,
tägl. 10–23 Uhr
➤ **www.wasserschloss-
wittringen.de**

Außerdem sehenswert:

1 Burg Lüttinghof S. 64   **2** Neue Galerie Gladbeck S. 65

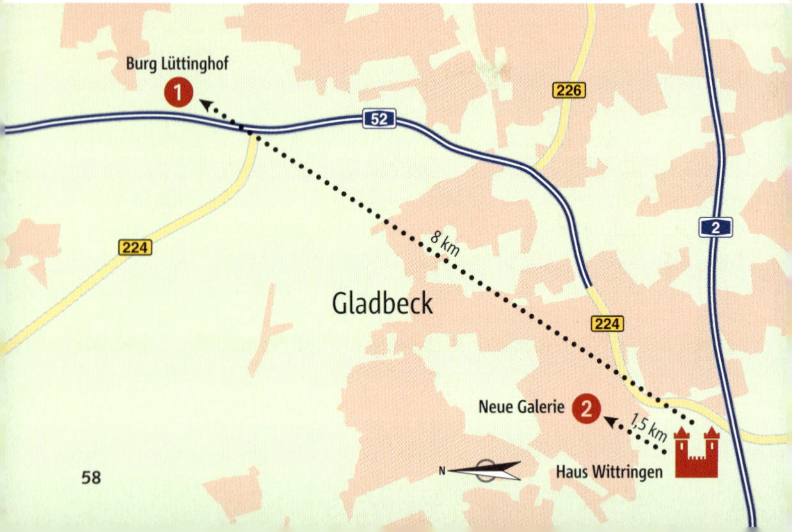

Burg Lüttinghof **1**

226

52

224

8 km

Gladbeck

2

224

Neue Galerie **2**

1,5 km

N

Haus Wittringen

Ein Schloss
zur Volkserholung

Haus Wittringen

Gildensaal

Herrenhaus

Haus Wittringen

Geschichte

Das Geschlecht derer von Wittringen wird erstmalig 1263 mit dem Ritter Ludolf von Horst, genannt von Wittringen, urkundlich erwähnt. Wann genau sie ihre Burg errichteten, ist nicht bekannt. Ludolfs Enkel Philipp von Wittringen trug sie 1347 der Grafschaft Kleve als Lehen und Offenhaus an. Durch Heirat kam die Burg Wittringen Ende des 14. Jahrhunderts an Heinrich von Brabeck, der sich nach seinem neuen Besitz ebenfalls von Wittringen nannte. Später kam die Anlage erst an die Familie von Oefte und dann 1540 durch Heirat an den Ritter Jakob von der Capellen.

Wie für so viele Rittergüter war auch

1922 an die Stadt Gladbeck, die das alte Herrenhaus sanieren, einige Ne-bengebäude abreißen und das heutige Schlossgebäude errichten ließ.

Anlage

Am Gladbecker Stadtrand liegt Schloss Wittringen von Wäldern umgeben in einer Schleife des Wittringer Mühlen-bachs. Durch das niedrige Torhaus aus dem Jahr 1706 mit Rundbogenportal und darüberliegendem Sprenggiebel gelangt der Besucher in den Innenhof der ehemaligen Vorburg. Die große rechteckige Vorburginsel, die ursprüng-lich mit einer Wehrmauer umgeben war, ist heute die einzige bebaute Fläche im Schlossareal. Auf der kleineren, westlich anschließenden, heutigen Vo-gelinsel wird der Standort der mittelal-terlichen Burg vermutet.

Wendet man sich vom Torhaus nach rechts, steht man vor einem zweige-schossigen Fachwerkhaus mit Stein-sockel und gelb getünchten Ausfachun-gen. Es handelt sich um das Herrenhaus von 1650, in dem noch die ehemalige

für Wittringen der Dreißigjährige Krieg ein einschneidendes Ereignis: 1642 zer-störten hessische Truppen die Burg vollständig. Die Herren von der Capellen bauten 1650 die Anlage mit einem neuen Herrenhaus wieder auf.

1697 erwarb Johann Arnold von Vit-tinghoff-Schell das Anwesen, der es 1703 um- und ausbaute. Die Familie Vittinghoff-Schell verkaufte Wittringen

verzierte Stuckdecke als originalgetreuer, nach dem Wiederaufbau des Gebäudes in den 1920er-Jahren wieder angebrachter Abguss zu sehen ist. Das heutige Hauptgebäude stammt ebenfalls aus den 1920er-Jahren. An seiner Stelle an der Ostseite der Vorburginsel standen ursprünglich Wirtschaftsgebäude. Der historisierende Backsteinbau hat an der Hofseite zwei vorgelagerte Rundtürme, die durch eine Balustrade verbunden sind. Darunter befindet sich ein Arkadengang. An der Ostseite ist der Fassade zur Gräfte hin auf fünf Achsen ein Altan vorgelagert. Das historisierende Erscheinungsbild wird besonders durch die beiden Staffelgiebel der Nord- und Südseite betont.

Auch die Innenausstattung des Schlosses mit dem Gildensaal mit bemalter Balkendecke, dem Jagdzimmer, dem Kaminzimmer und dem Trauzimmer wurde entsprechend historisierend gestaltet. Die Raumanordnung entspricht aber vor allem den Bedürfnissen der Gastronomie, zu deren Zweck das Hauptgebäude gebaut wurde.

Park

Schloss Wittringen gehört mit seinem Schlosspark zur Freizeitstätte Wittringen, die 1928 als sogenannte Volkserholungsanlage für die Gladbecker Bevölkerung angelegt wurde.

Der Park im Stil eines englischen Gartens beherbergt einen 200 Jahre alten Baumbestand aus Rotbuchen und exotischen Gehölzen sowie einen großen Schlossteich. Außerdem gehören zu der Anlage weitere Teiche, Sportstätten, wie die denkmalgeschützte Vestische

Kampfbahn, ein Ehrenmal aus der NS-Zeit mit Teich und Springbrunnen, das heute als Mahnmal dient, und vieles mehr. Auf der Vogelinsel und im Vogelwarmhaus werden exotische Federtiere gehalten.

Park

Heutige Nutzung

Schloss Wittringen beherbergt im Hauptgebäude das Restaurant Wasserschloss Wittringen. Im Fachwerkbau und im Torhaus ist das Museum der Stadt Gladbeck untergebracht. Hier erfahren Besucher Wissenswertes über die räumliche und historische Entwicklung Gladbecks von der Urgeschichte bis in die Neuzeit.

Die Freizeitstätte Wittringen bietet vielfältige Möglichkeiten für sportliche Aktivitäten, z. B. stehen Tennisplätze, eine Bogenschießanlage sowie eine Marathonbahn zur Verfügung. Einen Streichelzoo findet man ebenso wie einen Abenteuerspielplatz und eine Minigolfanlage.

① Burg Lüttinghof

(8 km von Haus Wittringen)

Im Jahr 1308 wurde **Dietrich von Vlerike** mit der Wasserburg Haus Lüttinghof belehnt, sie ist damit das älteste erhaltene Baudenkmal Gelsenkirchens. 1323/24 brannte die Anlage ab, wurde aber auf den alten Außenmauern wieder aufgebaut. Im Spanisch-Niederländischen Krieg wurde sie 1590 durch niederländische Truppen erobert. 1615 kaufte die Familie **von Nesselrode** die Burg und baute sie 1690 bis 1717 in barockem Stil um. 1729 übernahm **Clemens August von Twickel** die Anlage; sein Wappen ziert noch heute den Eingang zum Haupthaus.

Die Zweiinselanlage ist in ihren Grundzügen mit ihrer Gräfte noch weitgehend erhalten. Das zweige-

Kunst + Kultur
Burg Lüttinghof
Lüttinghofallee 3–5, 45896 Gelsenkirchen, Areal jederzeit frei zugänglich, Innenbesichtigung bei gastronomischen Events und kulturellen Veranstaltungen

schossige **Haupthaus** mit einem Ost- und einem Südflügel, die als Vor- und Oberhaus bezeichnet werden, stammt mit einer Mauerstärke von 1,65 Metern bis ins erste Geschoss in Teilen noch aus der Entstehungszeit der Burg. Die großen Fenster, das Walmdach und der Eingang ins Haupthaus sind das Ergebnis der späteren Umbauten. Von der einstigen Innenausstattung der Burg ist leider nur wenig erhalten. Bemerkenswert sind der sogenannte **Hochzeitskamin** im Renaissancestil aus dem

Burg Lüttinghof

Neue Galerie Gladbeck

Jahr 1562 und ein nur noch als Nachbildung erhaltener **Barock-kamin** von 1688 im Rittersaal.

Von der Hauptburginsel führen eine kleine Brücke und ein barockes Portal in den ehemaligen **Schlossgarten,** von dessen einstiger barocker Gestaltung heute nichts mehr zu erkennen ist.

Auch die **Vorburg** im Nordwesten des Haupthauses ist nicht mehr mit ihrem ursprünglichen Baubestand erhalten. Heute steht hier ein moderner dreiflügeliger Bau. Die gotische Burgkapelle im Süden der Vorburg musste 1974 wegen Baufälligkeit abgerissen werden. Ihr Grundriss ist heute auf der Rasenfläche markiert. Unmittelbar vor der Brücke zur Vorburg sind noch die Reste der sogenannten Unfehlbarkeitsmühle zu sehen, die 1945 bei Luftangriffen zerstört wurde.

> **Info**
> **Neue Galerie Gladbeck**
> Bottroper Straße 17,
> 45964 Gladbeck,
> Tel. (0 20 43) 3 19 83 71,
> Mi.–So. 15–20 Uhr
> ❯ **www.neue-galerie-gladbeck.de**

2 Neue Galerie Gladbeck

(1,5 km von Haus Wittringen)

Wer in puristischem Ambiente zeitgenössische Kunst genießen möchte, kommt in der **Neuen Galerie Gladbeck** voll auf seine Kosten. In dem modernen, mit Sichtbeton und grauem Estrich gestalteten Raum ist es nur die Kunst allein, die den Blick auf sich zieht. Pro Jahr werden hier vier Ausstellungen präsentiert, die neben etablierten Künstlern auch neuen Talenten aus den Meisterklassen der Kunstakademien ein Forum bieten.

08 Schloss Strünkede

Adresse
Schloss Strünkede
44629 Herne,
Tel. (0 23 23) 16 26 11,
Di.–Fr. 10–13 u. 14–17, Sa. 14–17,
So. 11–17 Uhr

Emschertalmuseum
Karl-Brandt-Weg 5,
Tel. (0 23 23) 16 10 72 , 3 €

Städtische Galerie im Schlosspark Strünkede
Karl-Brandt-Weg 2,
Tel. (0 23 23) 16 26 59,
Eintritt frei

Anfahrt PKW
A 42, AS 22 Herne-Baukau,
Westring (L 551) Richtung Recklinghausen, Kreisverkehr 1.
Ausfahrt Forellstraße (K 11),
rechts Bahnhofstraße,
rechts Karl-Brandt-Weg;
Parkplatz an der Zufahrt
zum Schloss
(GPS 51.55191, 7.21373),
etwa 200 Meter Fußweg

Anfahrt ÖPNV
Ab Bochum Hbf. U 35 bis Schloss
Strünkede bzw. ab Herne Bf. oder
Recklinghausen Hbf. Bus SB 20
und 362 bis Schloss Strünkede,
etwa 200 bzw. 300 Meter Fußweg

Essen + Trinken
Café Schollbrockhaus
Karl-Brandt-Weg 1,
44629 Herne,
Tel. (0 23 23) 9 51 00 50,
Di.–So. ab 13 Uhr
❯ www.schollbrockhaus.de

Außerdem sehenswert:

❶ **Museum für Archäologie S. 72**   ❷ **Schloss Bladenhorst S. 73**

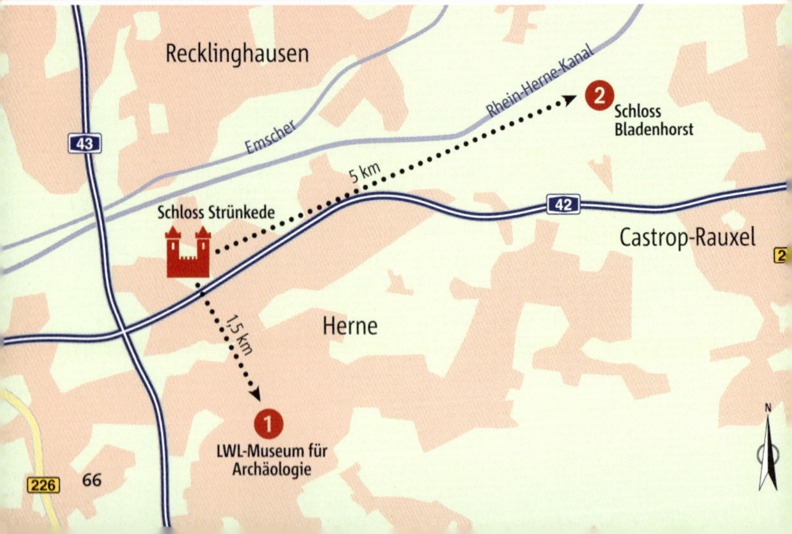

Recklinghausen

Emscher

Rhein-Herne-Kanal

❷ Schloss
Bladenhorst

43

5 km

42

Castrop-Rauxel

Schloss Strünkede

1,5 km

Herne

❶
LWL-Museum für
Archäologie

226   66

N

Wo der Tolle Jobst sein Unwesen treibt ...

Schloss Strünkede

Schloss Bladenhorst

Südflügel

Schloss Strünkede

Geschichte

Wann Burg Strünkede erbaut wurde, ist nicht bekannt. Seit 1142 sind die Ritter von Strünkede belegt, ihre Burg wird jedoch erst 1243 erwähnt. Für die Anlage, die ursprünglich wohl nur aus einem Wohnturm und einem Torhaus bestand, sind westlich und südwestlich des heutigen Standorts Vorgänger aus dem 10. und 11./12. Jahrhundert archäologisch nachgewiesen. Bereits 1263 mussten die Strünkeder wieder aus ihrer Burg ausziehen: Nach einer Fehde mit ihrem Lehnsherrn Dietrich von Kleve traten sie ihm die Burg für 100 Mark ab. Erst 1316 wurden sie erneut mit der Burg belehnt, die zu dieser Zeit stark befestigt wurde und den Grafen von Kleve als Festung gegen die kurkölnischen Besitzungen diente.

Die Herren von Strünkede waren recht streitbare Zeitgenossen. Mal standen sie in Konflikt mit ihrem Lehnsherrn, mal mit dem Vest Recklinghausen und dem Erzbistum Köln. Bekanntester Vertreter der Ritter von Strünkede ist der 1529 verstorbene Tolle Jobst. Seinen Beinamen erhielt er wegen seiner Übergriffe auf das Hab und Gut der Bauern, denen er hohe Abgaben auferlegte. Zwar unterschied er sich damit nicht sehr von seinen adligen Standesgenossen, aber der Sage nach wurde er von einem wütenden Bauern erschlagen und soll noch heute im Schloss spuken.

Als Folge der stetigen Streitigkeiten war die Burg im 16. Jahrhundert in schlechtem Zustand, sodass sie 1591 bis 1664 zu einem frühbarocken Schloss umgebaut wurde. Initiator war der gleichnamige Enkel des Tollen Jobst, der den Beinamen der Gelehrte Jobst trug. Unter seinem Enkel Gottfried von

Schlossportal

Schlosspark

Strünkede wurde es schließlich fertiggestellt.

Mit Johann Conrad von Strünkede starb das Geschlecht der Ritter von Strünkede im Jahr 1742 aus. Sein Vetter Ludwig erbte den Besitz und begründete die Linie von Strünkede zu Dorneburg, die 1777 allerdings ebenfalls ausstarb, sodass Sigismund Carl von Strünkede zu Krudenburg neuer Eigentümer wurde. Seine Schwester Sophia Charlotte hatte 1767 Adolf Karl von Palandt-Osterveen geheiratet und brachte 1786 das Erbe an ihren Ehemann.

Letzter adliger Besitzer von Schloss Strünkede war die Familie von Forell, an die es 1810 durch Heirat kam. Sie verkauften den Besitz 1900 an die Harpener Bergbau AG. Danach diente das Schloss unterschiedlichen Zwecken und wurde unter anderem als Gaststätte, als Lazarett im Ersten Weltkrieg, als Unterkunft für die Hitlerjugend und als Kindererholungsheim genutzt. Seit 1948 gehört Schloss Strünkede der Stadt Herne.

Anlage

Die einst malerische Lage im Emscherbruch, die noch 1810 auf einem Aquarell festgehalten ist, lässt sich heute noch erahnen. Im Stadtgebiet von Herne ist das Schloss mit dem weitläufigen Schlosspark ein Ort der Ruhe im urbanen Umfeld.

Betritt man von Osten den Schlosspark, quert man zuerst die äußere Gräfte. Links steht eine Jugendstilvilla, die von der Familie von Forell 1896 gebaut wurde, bevor sie das Schloss 1900 verkaufte.

In der Vorburg ist von der einstigen Bebauung nur noch die 1272 durch Bernd von Strünkede errichtete gotische Schlosskapelle erhalten, die in ihrem heutigen Erscheinungsbild dem Bauzu-

Tipps + Termine
- **Schloss-Führungen** werden für Gruppen bis max. 60 Personen angeboten. Dauer 1 Stunde, ab 60 €
- Von Mai bis September findet der **Strünkeder Sommer** mit kulturellen Veranstaltungen von Theateraufführungen über Konzerte bis zum Mittelalterspektakel und anderen Events statt

stand des 14./15. Jahrhunderts entspricht. Unter dem Altar befindet sich die Gruft der Familie von Strünkede, in der auch der Tolle Jobst begraben ist. Auf einer Insel in der Innengräfte liegt das Herrenhaus mit seiner gelb getünchten Fassade über einem Bruchsteinsockel. Über eine Brücke und durch eine Tordurchfahrt im zweigeschossigen Südflügel – der zugleich der jüngste Teil der Anlage ist – kommt man in den Innenhof. Was von außen nicht zu sehen ist: Das Walmdach des Südflügels hat es in sich, denn der hölzerne Dachstuhl ist uralt und stammt noch aus dem Jahr 1663.

Nach Osten schließt sich ein dreigeschossiger Pavillonturm mit Pyramidendach an, der als ältester erhaltener Teil des Schlosses aus dem 14. oder 15. Jahrhundert stammen soll. Der Ostflügel wurde Mitte des 16. Jahrhunderts an den Turm angebaut. Die Hauptburg war ursprünglich wohl durch einen Wehrgang an der Westseite komplett geschlossen.

Die Innenausstattung ist mit Ausnahme eines Kamins aus dem 17. Jahrhundert nicht mehr erhalten. Sie wurde im Zuge der Nutzung durch die Harpener Bergbau AG seit 1900 entfernt.

Park

Als Strünkede im 16./17. Jahrhundert zum repräsentativen Schloss ausgebaut wurde, vergrößerte man den Hausteich auf eine Fläche von 200 mal 200 Meter und legte westlich davon einen Barockgarten, einen Nutzgarten und ein Taubenhaus an. Heute ist von der barocken Gartenpracht und dem ehemals weitläufigen Gräftensystem nur noch wenig erhalten. Der Schlosspark wurde 2008 ansprechend neu gestaltet und bietet dem Besucher als Landschaftsgarten jede Menge Platz zum Erholen. Nördlich des Stadions steht ein Obelisk, der zur ehemaligen Grablege der Familie von Forell gehört, die heute vom Tribünenwall überbaut ist.

Heutige Nutzung

Schloss Strünkede und die Städtische Galerie in der Villa Forell im Schlosspark sind Teilstandorte des Emschertalmuseums. Es präsentiert die Natur- und Kulturgeschichte der Region von der Eiszeit bis zur Mitte des 19. Jahrhunderts. Zahlreiche Exponate beleuchten die vorindustrielle Alltagskultur und das bäuerliche Leben im Emscherbruch. In der Städtischen Galerie wird in Wechselausstellungen Kunst des 20. Jahrhunderts präsentiert. Das Kaminzimmer des Schlosses wird für standesamtliche Trauungen genutzt. Im Schollbrockhaus, der ehemaligen Kornmühle des Schlosses, befinden sich die Galerie des Kunstvereins und ein Café.

Grabungslandschaft im Museum

Kunst + Kultur
**LWL-Museum für Archäologie –
Westfälisches Landesmuseum,**
Europaplatz 1, 44623 Herne,
Tel. (0 23 23) 94 62 80,
Di./Mi./Fr. 9–17, Do. 9–19,
Sa./So. 11–18 Uhr, 5 €,
Führungen ab 30 €
➤ www.lwl-landesmuseum-
herne.de
Essen + Trinken
Museumscafé MuCa
Tel. (0 23 23) 3 98 00 75,
Di.–Do. 11–1 Uhr
➤ www.museumscafe-herne.de

❶ LWL-Museum für Archäologie

(1,5 km von Schloss Strünkede)

Die unterirdische Grabungsland-schaft im **LWL-Museum für Ar-chäologie** führt den Besucher in 250.000 Jahre Menschheitsge-schichte in Westfalen. Die archäo-logischen Hinterlassenschaften werden wie auf einem Grabungs-gelände präsentiert, als wären sie gerade erst freigelegt worden. Ein Steg erschließt die Funde chrono-logisch von der Eiszeit bis in den Bombenschutt des Zweiten Welt-kriegs, Grabungszelten nachemp-fundene Räume thematisieren ein-zelne Lebensbereiche. An den The-mentischen im **Forscherlabor** reicht das Spektrum von archäo-logischen und historischen Me-thoden bis zu naturwissenschaft-lichen Verfahren, wie Gesichtsre-konstruktion und DNA-Analyse, oder chemischen Materialanalysen. Im **Museumscafé MuCa** kann man seine archäologische Exkursion ausklingen lassen.

❷ Schloss Bladenhorst

(5 km von Schloss Strünkede)

Die 1332 erstmals erwähnte Burg präsentiert sich heute als **dreiflügeliges Wasserschloss** des 16. Jahrhunderts im Spätrenaissancestil und wurde von der Familie **von Viermundt** errichtet. Nach 1624 kam **Schloss Bladenhorst** an die Familie **von Romberg,** die es umfangreich umbauen ließ. Bemerkenswert ist das markante halbrunde **Torhaus** mit dem für Westfalen einzigartigen **Zierfries,** der sich in der Fassade des **Herrenhauses** mit drei Eck- und einem Treppenturm im Innenhof wiederholt. Der Ostflügel der ehemals vierflügeligen Anlage brannte im 19. Jahrhundert ab. Danach wurde die Innengräfte zum Teil zugeschüttet und der Zugang zum Innenhof nach Osten verlegt. Die ursprüngliche Durchfahrt ist am Südflügel gegenüber dem Torhaus noch sichtbar.

Ein Anbau am Nordflügel reicht bis über die ehemalige Gräfte hinaus. Komplettiert wird die malerische Schlossanlage durch einen **Batterieturm** an der Südwestecke zur Außengräfte und ein kleines **Taubenhaus.** Schloss Bladenhorst ist privat bewohnt und kann nur außen besichtigt werden. Bei Vortragsveranstaltungen, Lesungen und Festen sowie am Tag des offenen Denkmals steht auch der **Rittersaal** Besuchern offen.

Info
Schloss Bladenhorst,
Westring 346,
44579 Castrop-Rauxel,
Tel. (0 23 05) 9 73 75 15,
da die Anlage privat bewohnt ist,
wird eine Anmeldung empfohlen
❯ www.schlossbladenhorst.de

Schloss Bladenhorst

Adresse

Schloss Horst
Turfstraße 21,
45899 Gelsenkirchen,
Tel. (02 09) 1 69 61 63
➤ www.schloss-horst-
gelsenkirchen.de

Museum Schloss Horst
Mo.–Fr. 15–18, So. 10–17 Uhr, 3 €

Anfahrt PKW

A 42, AS 16 Gelsenkirchen-Zen-
trum, Grothusstraße (L 633) Richtung Gelsenkirchen-Horst;
Parkplatz An der Rennbahn
unmittelbar am Schloss
(GPS 51.53552, 7.02558),
etwa 150 Meter Fußweg

Anfahrt ÖPNV

Ab Gelsenkirchen Hbf.
Bus SB 36 oder 383 bis Schloss Horst,
etwa 100 Meter Fußweg

Essen + Trinken

Fabbrica Italiana Schloss Horst
Tel. (02 09) 14 99 07 22,
Mi./Do. 17–23, Fr. 17–24,
Sa. 16–24, So. 10–23 Uhr
➤ www.fabbrica-italiana-
gelsenkirchen.de

Außerdem sehenswert:

❶ Nordsternpark S. 80

❷ Zeche Hannover S. 81

Schloss
Horst

Emscher

226

Rhein-Herne-Kanal

42

1 km

Nordstern-
park

❶

10 km

Hüller Bach

227

Gelsenkirchen

Zech
Hannove

❷

N

Schwarzbach

Schloss Horst

Das bedeutendste
Renaissanceschloss im Ruhrgebiet

Zeche Hannover

Renaissancefassade am Westflügel

Schloss Horst

Geschichte

Bereits im 11. und 12. Jahrhundert ist ein mittelalterlicher Hof als Vorläufer von Schloss Horst bekannt. Er diente wohl dem Stift Essen zur Verwaltung von Mark und Wildbahn sowie zum Pferdefang der hier früher wild lebenden sogenannten Emscherbrücher Dickköppe. Im späten 12. Jahrhundert wurde der Hof befestigt und erweitert, es entstand eine Motte. Nachdem der hölzerne Bau mehrfach abgebrannt war, errichtete man nach 1210 an seiner Stelle eine steinerne Burg, die im Spätmittelalter weiter ausgebaut wurde. Die aus Essen-Steele stammenden Ritter von Horst hatten seit etwa 1200 das Marschallamt des Stiftes Essen inne und waren ab 1363 Lehnsmänner der Grafen von Kle-

ve. Sie gerieten in Konflikt mit dem Erzbischof von Köln, als sie versuchten, die Gerichtsherrschaft in einigen Kirchspielen im kurkölnischen Vest Recklinghausen zu erlangen. 1410/11 mussten sie sich schließlich unterwerfen und waren fortan Lehnsmänner des Erzbischofs.

1554 wurde die Burg durch einen Brand so stark beschädigt, dass Rutger von der Horst das heute noch in Teilen erhaltene Renaissanceschloss errichten ließ, das auch den gestiegenen Repräsentationsansprüchen seines Amtes als Statthalter im Vest Recklinghausen Rechnung trug. Die Bauarbeiten zogen sich bis 1573 hin. Nach Rutgers Tod kam Schloss Horst 1582 über seine Tochter Margarethe durch Heirat erst an die Familie von Loe zu Palsterkamp und Geist, 1607 an die Familie von der

Recke und 1706 schließlich durch Verkauf an die Freiherren von Fürstenberg, die das Schloss nicht mehr selbst bewohnten, sodass es zunehmend verfiel. Seit den 1920er-Jahren war Schloss Horst Volkserholungsstätte und Gaststätte, in den 1970er-Jahren gar Diskothek, bis 1988 die Stadt Gelsenkirchen das marode Anwesen erwarb und es in Zusammenarbeit mit dem Förderverein Schloss Horst sanieren ließ.

Anlage

Am Rand des Emscherbruchs liegt Schloss Horst, das zu den prächtigsten Renaissancebauten in Westfalen gehört. Von Nordwesten betritt man es über eine moderne Brücke, unter der man noch die Pfeiler der einstigen Bogenbrücke in der trockenen Gräfte sehen kann. Rechts liegen zwei Wirtschaftsgebäude der ehemaligen Vorburg aus dem 19. Jahrhundert. In der Pflasterung ist der Grundriss der ehemaligen Schlosskapelle hervorgehoben.

Eckturm, Westfügel und moderne Zugangsbrücke

Tipps + Termine

- Öffentliche Schlossführungen (ohne Museum), 1. Do., Eintritt frei
- Museumsführungen und Kombiführungen (Museum u. Schloss) für Gruppen auf Anfrage
- In den Wintermonaten gibt es zusätzlich die Romantische Führung zur Winterzeit mit Kerzenschein und Kaminfeuer, Wein und Gebäck nach historischem Rezept, Anmeldung unter Tel. (02 09) 1 69 61 63 u. (02 34) 8 59 60 43, 14 €
  ❯ www.schloss-horst-gelsenkirchen.de
- Der Förderverein Schloss Horst e.V. lädt zur Kaminrunde mit Vorträgen und Gesprächen zur Geschichte und Architektur des Schlosses ein, Tel. (02 09) 51 66 22, 1. Di. 19 Uhr, Eintritt frei
  ❯ www.schloss-horst.de

Die Hauptburg war ursprünglich als Vierflügelanlage mit in die Gräfte vorgesetzten Pavillontürmen und drei gleich hohen Flügeln geplant. Es sind allerdings nur der Nordwest- und der Nordostflügel drei- bzw. zweigeschossig – auf gleicher Höhe endend – realisiert worden. Die übrigen Seiten wurden nur eingeschossig ausgeführt. Teilweise erhalten sind heute nur der Nordwest- und der Nordostflügel. Der Nordturm wurde auf dem Sockelgeschoss in den 1980/90er-Jahren wieder aufgebaut, die beiden übrigen wurden bis auf das Hofniveau erneut aufgemauert und mit Hecken bepflanzt, um den Charakter der ehemals geschlossenen Bebauung der quadratischen, etwa 53 Meter im Quadrat messenden Anlage zu verdeutlichen.

An den Nordwestflügel schließt das heute frei stehende Portal des ehemaligen Torbaus an. Schon die Außenfassade mit seinen sandsteingefassten Fenstern, Friesen und Gesimsen und vor allem dem hohen geschossübergreifenden Erker gibt bereits einen Vorgeschmack auf die aufwendige Gestaltung des Schlosses. Man muss sich die Fassade, die heute vom Rot des Backsteins geprägt wird, weiß verputzt vorstellen.

Durch das Portal kommt man vorbei am Westflügel zum heute mit einer modernen Glaskonstruktion überdachten Innenhof. Was man nun zu sehen bekommt, erinnert auf den ersten Blick fast an einen italienischen Palazzo. Die hofseitigen Fassaden sind aufwendig mit Bauschmuck im Stil des niederländischen Manierismus des 16. Jahrhunderts ausgestattet. Ihre Wirkung wurde ursprünglich noch durch eine farbige Fassung verstärkt.

Im Erdgeschoss des Nordwestflügels werden die rechteckigen Fensterpaare von gemeinsamen Giebeln überspannt. Die beiden Obergeschosse weisen im Gegensatz dazu Bogenfenster auf, die von Halbsäulen in toskanischer bzw. ionischer Ordnung begleitet werden. Die Fenster im zweiten Obergeschoss wechseln sich mit Nischen ab, in denen die Personifikationen der Planeten standen, von denen heute noch Saturn an Ort und Stelle erhalten ist.

Der Bau des Nordostflügels wurde bereits 1554 begonnen und bis 1567 fertiggestellt. Nach Abrissarbeiten im 19. Jahrhundert ist die Hoffassade heute leider nur aus erhaltenen Bauteilen teilrekonstruiert. Das Hauptportal besteht aus einem Rundbogen. Darüber sind

Schlossportal

Auferstehungskamin

zwischen korinthischen Halbsäulen mit Dreiecksgiebeln die Wappen Rutgers von der Horst und seiner Frau Anna von Palandt angebracht.

Die Innenausstattung des Schlosses hat im Laufe der Zeit durch Umbauarbeiten gelitten, das Erhaltene ist aber immer noch sehenswert. Der Auferstehungskamin aus dem 16. Jahrhundert im Kaminzimmer ist der einzige komplett erhaltene von ehemals mindestens neun Kaminen auf Schloss Horst. Der Diana-Kamin im darüberliegenden Erkerzimmer und der Historienkamin im Rittersaal im Nordflügel sind Rekonstruktionen aus erhaltenen Teilen. Ebenfalls noch erhalten sind das Portal des Kaminzimmers und ein Nebenein-gang des Rittersaals. Im Galeriege-wölbe des ersten Obergeschosses im Westflügel haben Reste von Malereien aus der Entstehungszeit des Gebäudes die Zeit überdauert.

Heutige Nutzung

Heute ist Schloss Horst das Kulturzentrum der Stadt Gelsenkirchen mit verschiedenen Einrichtungen, wie dem Erlebnismuseum zum „Leben und Arbeiten im Zeitalter der Renaissance." Im Kellergeschoss ist das Restaurant Fabbrica Italiana untergebracht, das seine Gäste mit mediterraner Küche verwöhnt. In der Vorburg befinden sich eine Stadtteilbibliothek und ein Bürgercenter.

Nordsternpark

Natur + Erlebnis
Nordsternpark
Wallstraße 52, 45883 Gelsen-
kirchen, jederzeit frei zugänglich
> **www.nordsternpark.info**

Kunst + Kultur
Amphitheater Gelsenkirchen
Grothusstraße 201,
45883 Gelsenkirchen,
Tel. (02 09) 5 08 34 05
> **www.amphitheater-
gelsenkirchen.de**

Essen + Trinken
Heiners Restaurant
Am Bugapark 1 d,
45899 Gelsenkirchen,
Tel. (02 09) 1 77 22 22,
Mo.–Fr. 6.30–24,
Sa./So. 8–24 Uhr
> **www.heiners.info**

❶ Nordsternpark
(1 km von Schloss Horst)

Der **Nordsternpark** auf dem Gelände der ehemaligen Zeche Nordstern in Gelsenkirchen bietet vielfältige Freizeitmöglichkeiten. Auf
dem Areal beiderseits des Rhein-
Herne-Kanals und der Emscher ist
ein weitläufiger Landschaftspark
entstanden, der 1997 die Bundes-
gartenschau beherbergte. Wahrzeichen sind die 36 Meter hohe
Doppelbogenbrücke und der mit
einem Glaskubus versehene
Schacht II der ehemaligen Zeche
Nordstern. Mit dem 18 Meter hohen und 13 Tonnen schweren **Herkules von Gelsenkirchen** des
Künstlers Markus Lüpertz erlangt

er eine Höhe von 103 Metern. Im Zentrum des Parks sind der ehemalige **Kohlenbunker** sowie der **Besucherstollen** in die Gartenarchitektur mit eingebunden.

Unmittelbar am Rhein-Herne-Kanal liegt das **Amphitheater Gelsenkirchen,** wo im Sommer überregional bekannte Konzerte und Events stattfinden. Im alten Magazin lädt **Heiners Restaurant** zu einer stilvollen Pause ein.

② Zeche Hannover

(10 km von Schloss Horst)

Die **Zeche Hannover** war bis 1973 die letzte noch aktive Zeche in Bochum, heute ist sie **Industriemuseum.** Über ihren mächtigen **Malakowturm** aus dem Jahr 1857, der wie ein mittelalterlicher Burgturm anmutet, fuhren die Bergleute bis in eine Tiefe von 750 Metern ein. Gern wird

Info

LWL-Industriemuseum Zeche Hannover, Westfälisches Landesmuseum für Industriekultur, Günnigfelder Straße 251, 44793 Bochum, Tel. (02 34) 6 10 08 74, Mi.–Sa. 14–18, So. 11–18 Uhr, im Winter geschlossen, Eintritt frei
> **www.zeche-hannover.de**

Zeche Hannover daher auch als **Burg für den Bergbau** bezeichnet. Im angrenzenden **Maschinenhaus** können Besucher mit der **Dampffördermaschine** von 1893 die älteste noch am ursprünglichen Standort erhaltene technische Anlage dieser Art im Ruhrgebiet bewundern. Sie ist noch betriebsbereit und wird bei Vorführungen auch angefahren. Kleine Besucher können in dem speziell dafür angelegten Erlebnisbereich **Zeche Knirps** die Abläufe eines Bergwerksbetriebs spielerisch erkunden.

Zeche Knirps

Adresse

Haus Dellwig
Dellwiger Straße 130,
44388 Dortmund, Außengelände
jederzeit frei zugänglich

Heimatmuseum Lütgendortmund
Tel. (02 31) 60 41 86, Apr.–Okt.
So. 10.30–13 Uhr, 1 €
➤ **www.museum-luedo.de**

Anfahrt PKW
A 40, AS 40 Dortmund-Lütgen-
dortmund, Provinzialstraße (B 235)
Richtung Castrop-Rauxel, rechts
Limbecker Straße (K 6),
links Westricher Straße
bzw. A 45, AS 4 Dortmund-Hafen,
Mallinckrodtstraße Richtung
Lütgendortmund, rechts Bären-
bruch (L 663),

links Bockenfelder Straße (L 750),
links Am Nocken;
Parkplatz am Schloss
(GPS 51.5100, 7.34919)

Anfahrt ÖPNV
Ab Dortmund Hbf. Bus 460
bis Konradstraße, weiter mit
Bus 470 bis Haus Dellwig,
etwa 300 Meter Fußweg

Außerdem sehenswert:

❶ Zeche Zollern S. 88   **❷ Haus Bodelschwingh S. 89**

45

❷
Haus Bodelschwingh

4,5 km

Mühlenbach

Kirchlinde

Frohlinde

Haus
Dellwig

1,5 km

❶
Zeche Zollern

Schwerin

Lütgen-
dortmund

235

N

Einer der besterhaltenen
Dortmunder Rittersitze

Haus Dellwig

Haus Bodelschwingh

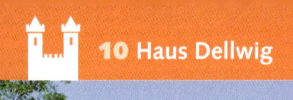

Torhaus

Hauptburg

Haus Dellwig

Geschichte

In einer Urkunde des Kölner Erzbischofs Philipp von Heinsberg wird 1179 ein Hof Dellwig in Lütgendortmund erwähnt. Unsicher ist, ob der schon 1238 urkundlich bekannte Dortmunder Bürger Hermann von Dellwig wirklich Hausherr der Burg Dellwig war und zum märkischen Rittergeschlecht von Dellwig gehörte, die erst 1320 in den Quellen auftauchen.

Über die mittelalterliche Burganlage der Herren von Dellwig ist wenig bekannt. In der ersten Hälfte des 16. Jahrhunderts wurde sie von Christoph von Dellwig im Renaissancestil umgebaut und später im Dreißigjährigen Krieg zerstört.

Melchior von Dellwig ließ zwischen 1658 und 1690 Haus Dellwig wieder aufbauen. Unter seinem Sohn Arnold Georg von Dellwig und dessen Ehefrau Maria Elisabeth von Pallandt wurde das Innere in barockem Stil ausgestattet.

Portal-Wappen

Tipps + Termine

Das Heimatmuseum bietet im
Jahresverlauf ein breitgefächertes
Programm mit **handwerklichen
Vorführungen, Traktorenrund-
fahrten, Festen** und vielem mehr
➤ www.museum-luedo.de

Weitere Umbauten folgten zu Beginn
des 18. Jahrhunderts unter Adolph Christoph von Dellwig, der auch eine neue
Vorburg anlegte.
Mit Anton Christoph starb 1727 der
letzte derer von Dellwig. Danach ging
das Anwesen durch Heirat an die Familie
von Droste zu Erwitte und wurde 1792
an Engelbert von Hörde zu Schwarzen-
raben vererbt. 1816 kaufte Karl Theodor
von Rump Haus Dellwig. Danach kam
es an die Grafen von Landsberg, bevor
schließlich 1904 die Gelsenkirchener
Bergwerks-AG das Anwesen erwarb.
Seit 1978 gehört es der Stadt Dortmund.

Anlage

In der hügeligen Moränenlandschaft
des Dellwiger Bachtals liegt im Natur-
schutzgebiet Dellwiger Bach die gut erhaltene Wasserburg Haus Dellwig. Von
Norden gelangt man über eine Allee
durch ein schmiedeeisernes Tor mit
Sandsteinpfeilern mit Wappenaufsatz
zur Vorburg. Die Gräfte um die dreiflü-
gelig bebaute Vorburg ist teilweise zugeschüttet und nur noch im Süden zur
Hauptburg und im Osten wasserfüh-
rend. Aus der schlichten und schmuck-
losen eingeschossigen Bebauung mit
Bruchsteinmauerwerk und Walmdächern hebt sich lediglich das Torhaus in
Form eines flachen, von Werksteinpi-
lastern und Gesims eingerahmten Ri-
salits ab. In der Durchfahrt ist ein Fries
mit den Wappen der Schlossherren angebracht.
Vom nach Süden offenen Innenhof führt
eine zweibogige Steinbrücke über die
Gräfte zur Hauptburg. Dem Herrenhaus
ist ein Portalturm mit Welscher Haube
vorgesetzt. Das rundbogige Eingangsportal mit profiliertem Schlussstein in
einer mit Quadersteinen errichteten
Wand wird von Halbsäulen flankiert
und von einem Renaissancefries mit
Arabesken und einer Darstellung der
Medusa abgeschlossen. Über dem Fries
steht ein trapezförmiges Relief mit dem

Wappen der Familie von Dellwig und einer Bauinschrift, die verrät, dass Maria Elisabeth von Pallandt als Witwe Arnold Georgs von Dellwig das Haus im Jahr 1690 fertigstellen ließ. Das Portal gilt als das aufwendigste seiner Art auf Dortmunder Stadtgebiet.

Die Gestaltung der übrigen Gebäudeteile ist wiederum sehr schlicht. An der Ostseite ist am Erdgeschoss ein auf Konsolen stehender Renaissance-Erker angebaut. An der Südwestecke steht ein in die Gräfte vorgeschobener Eckturm mit Welscher Haube. Die barocke Dachgestaltung der Türme steht in deutlichem Kontrast zu den beiden, mit gotischen Treppengiebeln versehenen Flügeln des Herrenhauses.

An der Gartenseite führt eine dreibogige Steinbrücke in den ehemaligen Schlosspark. Neben dem wesentlich einfacher gestalteten, rechteckigen und mit einem Wappenstein bekrönten Gartenportal des Herrenhauses steht zentral vor dessen Fassade ein kleiner Standerker.

Die ehemalige barocke Innenausstattung von Haus Dellwig wurde nach dem Erwerb durch die Gelsenkirchener Bergwerks-AG nach Schloss Ahausen im Sauerland verkauft.

Park

Ursprünglich gehörte zu Haus Dellwig ein Landschaftsgarten in englischem Stil, der vor allem noch in dem gepflegten Teil unmittelbar südlich des Herrenhauses erkennbar ist. Der Park geht in den umliegenden Dellwiger Wald über und ist ein beliebtes Naherholungsgebiet.

Heutige Nutzung

Das Herrenhaus von Haus Dellwig wird privat bewohnt und kann daher nur von außen besichtigt werden. Im Ostflügel der Vorburg ist das Heimatmuseum Lütgendortmund untergebracht. Hier wird mit Alltagsgegenständen aus Handwerk, Landwirtschaft und Haushalt vor allem aus der ersten Hälfte des 19. Jahrhunderts die jüngere Geschichte Lütgendortmunds und Umgebung wieder lebendig.

Historische Landmaschine

Zeche Zollern bei Nacht

Kunst + Kultur
LWL-Industriemuseum Zeche Zollern, Westfälisches Landes-museum für Industriekultur, Grubenweg 5, 44388 Dortmund, Tel. (02 31) 6 96 11 11, Di.–So. 10–18 Uhr, 6 €
❯**www.zeche-zollern.de**

Essen + Trinken
Restaurant Pferdestall
Zeche Zollern, Tel. (02 31) 6 90 32 26, Di. 12–19, Mi.–So. 12–24 Uhr, nur über Museumseintritt oder vorherige Reservierung (1 €) zugänglich
❯**www.pferdestall.biz**

① Zeche Zollern

(1,5 km von Haus Dellwig)

In Dortmund-Bövinghausen be-finden sich die Schächte II/IV des von 1899 bis 1955 betriebenen Steinkohlebergwerkes **Zeche Zollern.** Der Industriekomplex wurde vom Architekten Paul Knobbe entworfen und orientiert sich an Formen der norddeutschen Back-steingotik. Neben dem Verwal-tungsgebäude mit zinnenbekrön-tem Giebel und Ecktürmchen, das wie das Herrenhaus eines Schlosses wirkt, sticht vor allem die be-rühmte **Maschinenhalle** mit ihrer im Jugendstil gehaltenen Stahl-Fachwerk-Konstruktion hervor. Sie ist das erste in Deutschland unter Denkmalschutz gestellte In-dustriebauwerk. Die Maschinen-halle beherbergte bereits elektri-sche Fördermaschinen, als auf anderen Zechen noch ohne Elek-trizität gefördert wurde. Beson-ders bemerkenswert ist die heute noch erhaltene große marmorne Schalttafel im Innern der Halle. Das Jugendstilportal mit seinen Buntglasfenstern und einem heute nicht mehr erhaltenen Vordach zierte auch die ab 1987 herausge-gebene 80-Pfennig-Briefmarke.

Heute ist das stillgelegte Berg-werk einer von acht Standorten des LWL-Industriemuseums; das Museumsrestaurant **Pferdestall** mit Biergarten lädt mit gehobener westfälischer und internationaler Küche zum Verweilen ein.

❷ Haus Bodelschwingh

(4,5 km von Haus Dellwig)

Info
Schloss Bodelschwingh
Schlossstraße 75,
44357 Dortmund,
Tel. (02 31) 28 86 20 60
❯ **www.schloss-bodelschwingh.de**

Das **Wasserschloss Haus Bodelschwingh** im Dortmunder Norden wurde um 1300 errichtet und in der zweiten Hälfte des 16. Jahrhunderts zum heute erhaltenen Zweiflügelbau umgestaltet. Es gilt als **größter und repräsentativster Adelssitz** auf Dortmunder Stadtgebiet.

Die Anlage wurde durch den Ritter Giselbert Speke als Zweikammerhaus auf einer Eichenpfahlgründung erbaut, auf der noch das heutige Schloss steht. Sein Sohn Ernst nannte sich bereits nach dem neuen Wohnsitz **von Bodelschwingh.** 1867 kam Bodelschwingh durch Heirat an die Familie **zu Inn- und Knyphausen.** Bis heute ist es in Familienbesitz und wird privat bewohnt, weshalb es nur von außen zu besichtigen ist. Mit seinen hohen Schweifgiebeln, den Fledermausgauben im Satteldach und vor allem seinen beiden Pavillontürmen mit Welschen Hauben bietet das Renaissanceschloss einen malerischen Anblick. Der Tag des offenen Denkmals gewährt einen Blick auf die sehenswerte Innenausstattung.

Haus Bodelschwingh

11 Burg Vondern

Adresse

Burg Vondern
Arminstraße 65,
46117 Oberhausen,
Tel. (02 08) 89 62 97,
Außengelände jederzeit frei
zugänglich, Innenbesichtigung
während Veranstaltungen
und auf Anfrage
➤ **www.burg-vondern.de**

Anfahrt PKW

A 42, AS 11 Oberhausen-Neue
Mitte, Ostenfelder Straße (L 450)
Richtung Bottrop, rechts;
Parkmöglichkeiten an der
Arminstraße
(GPS 51.49832, 6.90838),
etwa 300 Meter Fußweg

Anfahrt ÖPNV

Ab Oberhausen Hbf. Bus 957
und SB 92 bis Burg Vondern,
etwa 150 Meter Fußweg

Außerdem sehenswert:

❶ Haus Ripshorst S. 96 **❷ Revierpark Vonderort S. 97**

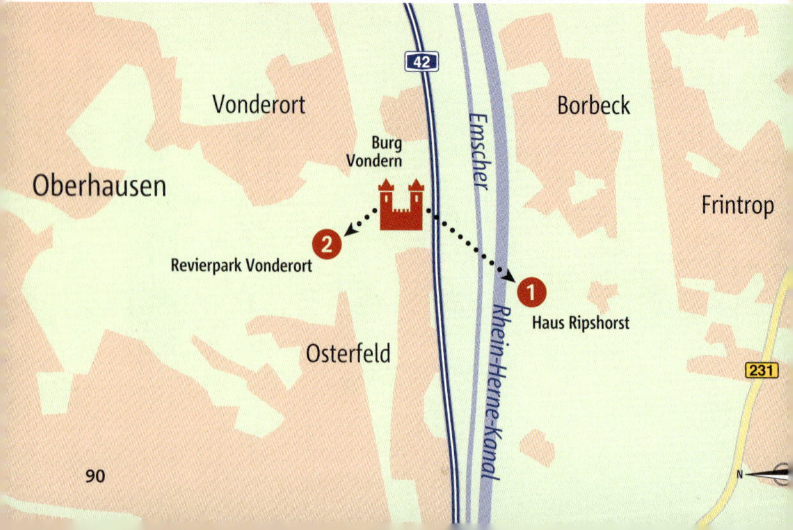

Vonderort

Borbeck

Burg
Vondern

Emscher

Oberhausen

Frintrop

❷
Revierpark Vonderort

❶
Haus Ripshorst

Rhein-Herne-Kanal

Osterfeld

231

N

Burg Vondern

Spätgotik, Renaissance und Barock an einem Ort

Revierpark Vonderort

Innenhof mit Torhaus

Burg Vondern

Geschichte

Das Geschlecht der Herren von Vondern wird 1266 erstmals urkundlich erwähnt. Sie waren Ministeriale der Grafen von Kleve. Wann sie die Burg errichteten, ist nicht bekannt. Das Haus Vondern wird erstmals 1401 genannt, als Dietrich von Vondern seinen Besitz unter seinen Töchtern aufteilte. Wenig später kam die Burg jeweils durch Heirat an Johann von Overhuis und an Wessel von Loe. Nach der Sage von Burg Vondern lebte Wessel mit seiner vierjährigen Tochter allein auf der Burg, nachdem seine Frau, besessen von einem Zauber, in der Emscher ertrunken war. Wessel befürchtete ein ähnliches Schicksal für

seine Tochter und verlobte sie mit den Söhnen des Johann von Galen, da Bräute gegen die Hexerei gefeit sein sollten. Dennoch geriet sie in den Zauberbann, wurde aber von Dietrich von Galen, dem jüngeren der beiden Brüder, schlafend in einem verwunschenen Schloss vorgefunden und gerettet. Das Schloss stürzte ein und die beiden heirateten.

Doch von der dornröschenhaften Sage zurück zur Geschichte der Burg: Unter den Herren von Loe wurden im 15. und 16. Jahrhundert vermutlich die markante Vorburganlage und ein gotisches, nicht mehr vorhandenes Herrenhaus als Vorgänger des barocken Backsteinbaus errichtet. Sie waren bis 1572 Besitzer der Burg Vondern. Alberta

Der Grüne Ritter

Tipps + Termine

- **Burg-Führungen** auf Anfrage unter Tel. (02 08) 89 62 97
- Jedes Jahr im August locken **Mittelaltermarkt** und **Ritterspiele** mit Gauklern, Handwerkern, Musikgruppen und natürlich jeder Menge Ritter im Zweikampf zahlreiche Besucher auf die Burg
- Musikliebhaber sind bei den **Sonntagsmatineen** mit Musik vom kabarettistischen Chanson über Weltmusik bis zur Kammermusik bestens aufgehoben, 12 €
- In den **Erzählcafés** des Fördervereins erfährt man viel Wissenswertes zu unterschiedlichsten Themen aus der Geschichte der Burg und der Region

➤ www.burg-vondern.de

von Loe heiratete zu dieser Zeit Johann von Willich zu Veen, der das Anwesen wiederum an seinen Schwiegersohn Friedrich von Brempt weitergab.

Um 1710 kam die Anlage an die Grafen von Nesselrode-Landscron und blieb bis 1799 in Familienbesitz. Der letzte derer von Nesselrode, Franz-Josef von Nesselrode-Landscron und Reichenstein, der die Burg schon nicht mehr selbst bewohnte, vererbte den Besitz an seine Tochter Karoline, die ihn durch Heirat mit in die Familie Droste zu Vischering brachte.

1937 kam Burg Vondern in öffentliche Hand, 1985 begann die Sanierung, nachdem zuvor wegen des schlechten Bauzustands sogar ein Abriss erwogen worden war.

Anlage

Die als Wasserburg angelegte Burg Vondern liegt im Emscherbruch auf einer Niederterrasse des Flusses. Sie ist heute zwar immer noch von Grün umgeben, die Landschaft wird aber maßgeblich durch den unmittelbar nördlich liegenden, durchaus sehenswerten Rangierbahnhof Oberhausen Osterfeld geprägt, der 1891 als erster seiner Art in Deutschland gebaut wurde.

Von Westen kommt man über eine lange Zufahrt auf das massive, aus Backstein gebaute Torhaus der Vorburg zu. Der wohl bereits im 15. Jahrhundert errichtete Bau wird von zwei mächtigen Flankierungstürmen eingerahmt, die über niedrigere Trakte mit dem mehrgeschossigen Torhaus verbunden sind. Die Wehrhaftigkeit des Baus wird noch durch Schlüsselscharten unterstrichen. Unter dem Walmdach des Torbaus setzt ein Rundbogenfries an, unter den Kegeldächern der Flankierungstürme ein Spitzbogenfries. Stilistisch steht die Anlage zwischen Spätgotik und Renaissance und stammt in der gegenwärtigen Gestalt aus dem Anfang des 16. Jahrhunderts.

Der Südflügel der Vorburg, ein ehemaliges Stallgebäude, das heute als Remise bezeichnet wird, ist im 18. Jahrhundert anstelle mehrerer kleinerer Gebäude errichtet worden. Hier ist auch ein Teil der alten Vorburgmauer mit Wehrgang über spitzbogigen Arkaden erhalten, der früher vermutlich die gesamte Außenfront der Vorburg umschloss. Der Teich südlich der Vorburg gibt noch einen Eindruck vom ehemaligen Wassergraben.

Das Herrenhaus stand ursprünglich auf einer eigenen Insel in der Gräfte, wie die steinerne zweibogige Brücke mit den beiden Sandsteinpfeilern zeigt. Der

Torhaus

Ende des 17. Jahrhunderts ebenfalls aus Backstein errichtete Barockbau wurde auf den Resten der ehemaligen spätgotischen Hauptburg aus dem 15. Jahrhundert errichtet. Das siebenachsige Gebäude wird von einem Walmdach mit zwei Kaminen und zentraler Tonnengaube bekrönt. Vor die Seiten der Westfassade ist jeweils ein eingeschossiger Pavillon mit geschweiftem Dach gesetzt. Einziger Schmuck der Fassade ist neben den Eckquaderungen der Pavillons das schlichte Portal mit einem verwitterten Wappenstein in der Mittelachse.

Heutige Nutzung

Das Herrenhaus von Burg Vondern dient heute als Kulturzentrum mit regelmäßigen Veranstaltungen. Im Obergeschoss steht Brautpaaren ein Trauzimmer zur Verfügung.

Der Torbau beherbergt ein kleines, vom Förderkreis Burg Vondern e. V. eingerichtetes Museum mit archäologischen Funden aus der Burg.

Haus Ripshorst

Natur + Erlebnis
- **Informationszentrum Emscher Landschaftspark,** Haus Ripshorst, Ripshorster Straße 306, 46117 Oberhausen, Tel. (02 08) 8 83 34 83, März–Okt. Di.–So. 10–18, Nov.–Feb. Di.–So. 10–17 Uhr
  ➤ www.emscherlandschaftspark.de
- **RevierRad** Tel. (02 08) 8 48 57 20, Mieträder ab 6 €
  ➤ www.revierrad.de

Essen + Trinken
Cafeteria im Informationszentrum

❶ Haus Ripshorst
(Unmittelbare Umgebung)

Am anderen Ufer der Emscher liegt das Anfang des 14. Jahrhunderts erstmals erwähnte Rittergut **Haus Ripshorst,** ein ehemaliges Lehen des Stifts Essen. In den Gutsgebäuden befindet sich das **Informationszentrum Emscher Landschaftspark,** das im Rahmen der Internationalen Bauausstellung Emscherpark angelegt wurde. Im Umfeld des alten Gutshofs haben Besucher Gelegenheit, unterschiedliche Lebensräume mit allen Sinnen hautnah zu erfahren: Hier gibt es einen Bauerngarten und einen Lehrbienenstand. Im 2 Kilometer langen **Gehölzgarten Ripshorst** entlang des Rhein-Herne-Kanals werden seltene Baumarten in ihrem erdgeschichtlichen Zusammenhang gezeigt.

Im Haus selbst wird der Emscher Landschaftspark an Multimediastationen erläutert. Live-Satellitenbilder verdeutlichen Kli-

Info
- **Revierpark Vonderort,** Bottroper
  Straße 322, 46117 Oberhausen,
  jederzeit frei zugänglich
  ➤ **www.revierpark.com**
- **Gesundheitspark Quellenbusch**
  Osterfelder Straße 159, 46242
  Bottrop, jederzeit frei zugänglich
  ➤ **www.gesundheitspark-
  quellenbusch.de**

mazonen und Jahreszeiten; neue Technologien zur Energieversorgung und Rohstoffgewinnung werden gezeigt. Im Jahresverlauf finden Vortrags- und Informationsveranstaltungen, Exkursionen und verschiedene Aktionen in Verbindung mit Naturschutzverbänden, Biologischen Stationen und anderen Partnern statt.

Erfrischende Getränke oder Kaffee und Kuchen bietet eine kleine **Cafeteria** ihren Gästen an. Zudem können Besucher mit einem Drahtesel der **Radstation RevierRad** die Umgebung erkunden.

 Revierpark Vonderort
(Unmittelbare Umgebung)

Unmittelbar an den Rangierbahnhof schließt sich der **Revierpark Vonderort** an, der seit Ende der 1920er-Jahre als Volkspark Stadtwald Osterfeld ein beliebtes Ausflugsziel war. 1974 wurde das Areal als Revierpark Vonderort neu eröffnet. Das Gelände bietet die Möglichkeit zu Waldspaziergängen, Paddel- und Tretbootfahrten. Eine Liegewiese lädt zur Entspannung ein, für sportliche Aktivitäten stehen Spielfelder und für jüngere Besucher ein Wasserspielplatz bereit. Eine Eishalle und ein Solebad mit Saunabereich komplettieren das Freizeitangebot. Auf Bottroper Stadtgebiet schließt unmittelbar der **Gesundheitspark Quellenbusch** mit verschiedenen Gärten, zahlreichen Gesundheitsangeboten und einer Kneippanlage an.

Gesundheitspark Quellenbusch

Adresse

Schloss Oberhausen
Konrad-Adenauer-Allee 46,
46049 Oberhausen

**LudwigGalerie Schloss
Oberhausen**
Tel. (02 08) 4 12 49 11,
Di.–So. 11–18 Uhr, 8 €
❯ **www.ludwiggalerie.de**

Kaisergarten
jederzeit frei zugänglich

Anfahrt PKW
A 42, AS 10 Oberhausen-Zentrum,
Konrad-Adenauer-Allee
(B 223) Richtung Mülheim;
Parkplatz am Kaisergarten
(51.49300, 6.86084),
etwa 150 Meter Fußweg

Anfahrt ÖPNV
Ab Oberhausen Hbf. Bus 956
und 966 bis Schloss Oberhausen

Essen + Trinken
Schlossgastronomie Kaisergarten
Konrad-Adenauer-Allee 48,
Tel. (02 08) 29 02 20
❯ **www.kaisergarten.de**

Außerdem sehenswert:

❶ Gasometer S. 104   **❷ Zinkfabrik Altenberg S. 105**

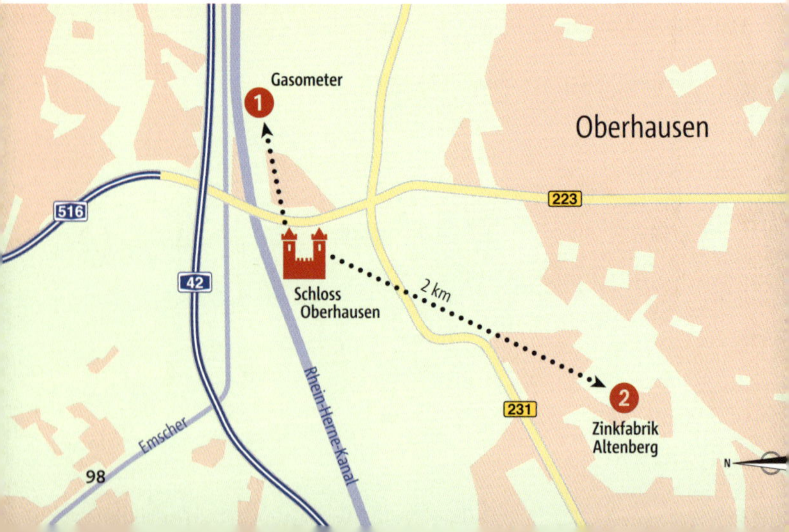

Gasometer

❶

Oberhausen

223

516

42

Schloss
Oberhausen

2 km

231

❷

Zinkfabrik
Altenberg

Emscher

Rhein-Herne-Kanal

N

Schloss Oberhausen

Kunst in klassizistischem Ambiente

Blick ins Foyer der Zinkfabrik

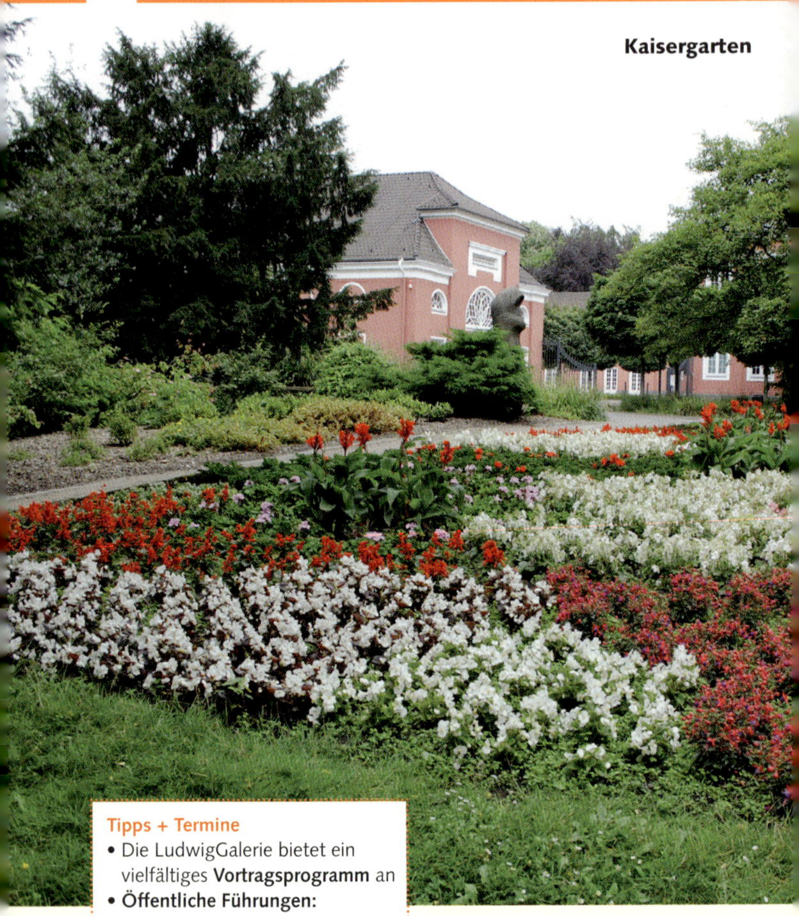

Kaisergarten

Tipps + Termine

- Die LudwigGalerie bietet ein vielfältiges **Vortragsprogramm** an
- **Öffentliche Führungen:** So. 11.30 Uhr, im Eintrittspreis enthalten, darüber hinaus werden Themenführungen angeboten
- In der **ArtOthek** kann man unter dem Motto **Bilder leihen wie Bücher** sogar Originale für die eigene Wohnung oder für Geschäftsräume temporär ausleihen

➤ **www.ludwiggalerie.de**

Schloss Oberhausen

Geschichte

Im späten 12. oder frühen 13. Jahrhundert lag an einer Emscherfurt das Rittergut Overhus, das der Stadt Oberhausen seinen Namen gab. Die Burg stand etwa 200 Meter flussaufwärts der heutigen Schlossanlage und war Lehnsbesitz der Grafschaft Kleve. Erster

an. Sie war Erbin von Schloss Berge in Gelsenkirchen, daher wohnte die Familie fortan dort und vernachlässigte Burg Oberhaus, die 1791 dann teilweise abgerissen wurde.

Familiendramen spielten sich auch schon zu jener Zeit ab: Friedrich Adolfs Sohn Maximilian Friedrich von Westerholt-Gysenberg wurde 1801 auf die verfallene Burg abgeschoben. Da er unstandesgemäß geheiratet hatte, musste er zugunsten seines jüngeren Bruders auf den übrigen Familienbesitz verzichten. Der neue Hausherr fand sich aber nicht mit seinem kaum bewohnbaren Heim ab, sondern ließ durch den Münsteraner Hofbaumeister August Reinking 200 Meter weiter zwischen 1804 und 1814 ein klassizistisches Schloss bauen und durch den Düsseldorfer Gartenarchitekten Maximilian Friedrich Weyhe 1808 einen englischen Landschaftsgarten anlegen.

Die Familie von Westerholt-Gysenberg zog um die Mitte des 19. Jahrhunderts nach Schloss Arenfels in Bad Hönningen in Rheinland-Pfalz um, sodass in Oberhausen bis 1884 nur noch ein landwirtschaftlicher Gutsbetrieb verblieb. Die Stadt erwarb 1896 erst das Jagdrevier westlich des Schlosses und 1911 auch das Schloss selbst. Sie ließ einen Volkspark, den Kaisergarten, und später einen Wildpark anlegen. Der Zweite Weltkrieg ging nicht spurlos an Schloss Oberhausen vorüber: Das Herrenhaus und der Mittelbau der Wirtschaftsgebäude wurden beschädigt. Während Letzteres in der Nachkriegszeit wieder instandgesetzt werden konnte, musste man das zusätzlich durch Bergschäden

bekannter Lehnsnehmer war die 1443 urkundlich erwähnte Familie von Dücker. Die wegen ihrer Lage oft umkämpfte Burg war seit dem frühen 17. Jahrhundert im Besitz der Familie von Boenen. 1779 nahm der vom Kaiser zum Reichsgrafen erhobene Ludolf Friedrich Adolf von Boenen zu Berge und Oberhaus den Namen seiner Frau Wilhelmine Franziska von Westerholt-Gysenberg

noch weiter in Mitleidenschaft gezogene Herrenhaus 1958 abreißen und bis 1960 durch finanzielles Engagement der Oberhausener Gutehoffnungshütte neu aufbauen.

Anlage

Direkt an der Konrad-Adenauer-Allee liegt südlich der Emscher und des Rhein-Herne-Kanals Schloss Oberhausen. Die in markantem Rosa getünchte klassizistische Anlage ist um einen etwa 50 mal 50 Meter großen Innenhof, den sogenannten Cour d'honneur (Ehrenhof) angelegt. Das dreiflügelige Herrenhaus schließt den Hof nach Osten ab. An der Ostseite ist in der Mittelachse über dem Eingang ein Balkon im ersten Obergeschoss angebracht. Über dem Traufgesims des Mittelflügels ist eine Attika mit dem Allianzwappen Maximilian Friedrichs von Westerholt-Gysenberg und seiner Frau Friederike von Bretzenheim angebracht.

Zum Hof ist zwischen die Seitenflügel vor die Fassade des Mittelflügels ein moderner Glasbau, die sogenannte Vitrine als Eingang der LudwigGalerie vorgebaut. Auf der Westseite des Hofs liegen mit dem sogenannten Kleinen Schloss und zwei angeschlossenen Nebenflügeln die Wirtschaftsgebäude. Auf der Hofseite wird das Kleine Schloss durch einen Mittelrisalit mit rundbogigen Türen und Attika mit Uhr geprägt.

Park

Im Südwesten schließt an das Schloss der zu Ehren Kaiser Wilhelms I. Kaisergarten genannte Park an. Er ist die äl-

teste Parkanlage Oberhausens und heute Landschaftsschutzgebiet. Die insgesamt 29 Hektar umfassende Fläche gliedert sich in Wald, Wiesen und Rasenflächen sowie einen Altarm der Emscher mit Teich. Das Areal verfügt über einen alten Baumbestand sowie Hecken, Stauden- und Blumenanpflanzungen. Auch ein Bauern- und Schaugarten, ein Tierpark und eine Minigolfanlage gehören zur Anlage. Als begehbare Skulptur verbin-

Gedenkhalle

det die Brücke Slinky Springs to Fame
den Kaisergarten mit der anderen Seite
des Rhein-Herne-Kanals.

Heutige Nutzung

Schloss Oberhausen bietet seinen Besuchern jede Menge Kunst: Den Schwerpunkt bildet die LudwigGalerie mit der
Sammlung Ludwig, einer der größten
Privatsammlungen mit Kunstobjekten
von der Antike bis zur Moderne. Ein
weiterer Sammlungsschwerpunkt ist die
Populäre Galerie mit Werken der ange-
wandten Kunst: Plakate, Karikaturen, Co-
mics, Illustrationen und Fotografie. In
der Landmarkengalerie wird der Strukturwandel des Ruhrgebiets thematisiert.
Die Gedenkhalle im südlichen Wirtschaftsflügel erinnert an die Verbrechen
des Nationalsozialismus. Im nördlichen
Wirtschaftsflügel lädt die Schlossgastronomie Kaisergarten zu einer Rast ein.

❶ Gasometer

(Unmittelbare Umgebung)

In Sichtweite von Schloss Oberhausen liegt der **Gasometer.** Das Industriedenkmal ist Ankerpunkt der **Route der Industriekultur** und eines der **Wahrzeichen des Ruhrgebiets.**

Er wurde 1927 bis 1929 als **Gasspeicher der Gutehoffnungshütte** errichtet und war mit Unterbrechungen durch Zerstörungen im Zweiten Weltkrieg bis 1988 in Betrieb. Hier konnten bis zu 347.000 Kubikmeter Gas gelagert werden – damit ist er der **größte Scheibengasbehälter Europas.** Heute ist der Gasometer die **höchste Ausstellungs- und Veranstaltungshalle** des Kontinents. Nach dem Aufstieg oder der Fahrt im verglasten Panoramaaufzug bietet sich von der 117 Meter hohen **Besucherplattform** ein guter Blick über das Ruhrgebiet.

Zinkfabrik Altenberg

Gasometer

Kunst + Kultur
Gasometer Oberhausen
Arenastraße 11,
46047 Oberhausen,
Tel. (02 08) 8 50 37 30,
Di.–So. 10–18, 9 €,
offene Führungen Sa. 14,
So. 11, 12.30 u. 14 Uhr,
2 € zzgl. Eintritt
➤ **www.gasometer.de**

❷ Zinkfabrik Altenberg

(2 km von Schloss Oberhausen)

Info
LVR-Industriemuseum Zinkfabrik
Altenberg, Hansastraße 20,
46049 Oberhausen, Tel. (02 08)
8 57 90, Di.–Fr. 10–17,
Sa./So. 11– 18 Uhr, 4,50 €
❯ www.industriemuseum.lvr.de

In Oberhausen wurden in der **Zinkfabrik Altenberg** von 1855 bis 1981 Zinkbleche produziert. Die Fabrik war für fast 130 Jahre ein wichtiger Arbeitgeber der Stadt; heute ist sie Hauptstandort des **LVR-Industriemuseums.** Hier werden anschaulich die Geschichte der Schwerindustrie und der Alltag der Industriearbeiter im Ruhrgebiet gezeigt. Highlights der Ausstellung sind die vielen Aggregate und Maschinen, vor allem der 10 Meter hohe und 53 Tonnen schwere **Dampfhammer** sowie eine bei Krupp in Essen im Jahr 1942 gebaute **Dampflokomotive** der Baureihe 50.

13 Haus Opherdicke

Adresse

Haus Opherdicke
Dorfstraße 29,
59439 Holzwickede,
Tel. (0 23 01) 9 18 39 72,
Di.–So. 10.30–17.30 Uhr, 4 €

Anfahrt PKW
A 1, AS 84 Unna, B 1 Richtung
Unna, rechts Feldstraße (L 678),
links Dorfstraße;
Parkplatz am Park von Haus
Opherdicke
(GPS 51.48843, 7.64753)

Anfahrt ÖPNV
Ab Unna Bf. RegioBus 52 bis
Haus Opherdicke,
etwa 150 Meter Fußweg

Essen + Trinken
Kultur-Café Haus Opherdicke
Tel. (0 23 01) 9 18 99 46,
Di.–So. 12–18 Uhr

Außerdem sehenswert:

2
Burg
Unna

44

Unna

1

233

Haus
Opherdicke

6,5 km

1

Holzwickede

1

Rühne

6,5 km

Ha
Villi

1

N

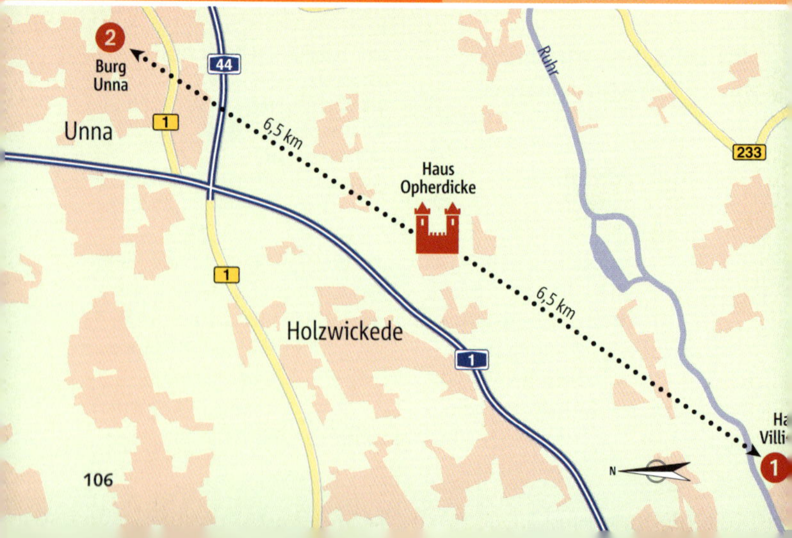

Haus Opherdicke

Moderne Kunst in altem Schloss

Burg Unna

107

Herrenhaus

Vorburg

Haus Opherdicke

Geschichte

Im Jahr 1176 übertrug Heinrich von Herreke dem Erzbischof von Köln seine Burg und erhielt sie als Lehen zurück. Seine Burg Herreke ist der Vorläufer des heutigen Hauses Opherdicke.

Nach Heinrichs Tod ging das Lehen an seinen Neffen Rembold von Grafschaft. Die Familie von Grafschaft belehnte ihrerseits eine Ministerialenfamilie mit der Burg, die sich daraufhin von Herrike nannte.

Anfang des 16. Jahrhunderts wurde das Kamener Burgmannengeschlecht von Fresendorf Besitzer der Burg Opherdicke. In den Jahren 1683 bis 1687 baute Arnold Heinrich von Fresendorf das heute noch erhaltene Herrenhaus. Gut 30 Jahre später, im Jahr 1719, kaufte die Familie von Hane zu Werve Haus Opherdicke und vererbte es 1792 an Franz Caspar von Lilien. Mitte des 19. Jahrhunderts ließ Franz Joseph Michael von Lilien eine neue Vorburg errichten und am Herrenhaus einige Umbauten vornehmen.

Im Jahr 1906 erbte Eugenie Gräfin Berghe von Trips das Anwesen. Die Ländereien wurden kurz darauf parzelliert und zum Teil verkauft. 1918 erwarb Theodor Regenbogen, ein Gutsbesitzer aus Dortmund, den Rest des Besitzes samt Herrenhaus. Seine Erben veräußerten es 1980 an den Kreis Unna.

Anlage

In ländlichem Umfeld zwischen Schwerte und Unna liegt auf einem Abhang über der Ruhr Haus Opherdicke. Von Norden betritt man die Vorburg durch ein Tor mit zinnenbekrönten Pfeilern zwischen zwei Torhäusern. Die gesamte, mit unverputztem Bruchsteinmauerwerk recht rustikal anmutende Vorburgbebauung ist im 19. Jahrhundert in historisierenden Formen mit Stufengiebeln und Bogenfriesen neu errichtet worden. Lediglich das sogenannte Bauhaus mit einfachem Satteldach stammt aus dem Jahr 1738, wie die Jahreszahl aus Eisenankern an der Giebelseite zeigt. Seine große Dieleneinfahrt kennzeichnet das Gebäude als Scheune oder Speicher.

Zum Herrenhaus führt eine doppelbogige Steinbrücke. Im Gegensatz zur Vorburgbebauung ist das Bruchsteinmauerwerk des rechteckigen Gebäudes mit Walmdach weiß verputzt und steht dadurch in starkem Kontrast zur übrigen Bebauung. Die Hofseite weist fünf Fensterachsen auf, deren mittlere durch das Portal mit Wappentafel der Familie von Fresendorf und Oberlicht hervorgehoben ist. Maueranker mit der Jahreszahl 1687 geben das Jahr der Fertigstellung des Herrenhausneubaus an.

Zwei Pavillontürme mit geschweiften Hauben springen in die Gräfte vor. Der östliche Turm ist durch eiserne Maueranker und einen Wappenstein auf 1726 datiert, ist also zur Zeit derer von Hane erneuert oder umgebaut worden. Im Sockelgeschoss sind noch Schlüsselscharten zu erkennen. Zwischen den Türmen wurde bei den Umbaumaßnahmen im 19. Jahrhundert ein Verbindungstrakt mit Rundbogenfenstern und einer Loggia angelegt, von der aus sich ein schöner Ausblick auf das Ruhrtal bietet.

Im Innern des Herrenhauses sind das Turmzimmer mit seiner vertäfelten Decke und vor allem das Kaminzimmer mit seiner komplett erhaltenen Wand- und Deckenvertäfelung sehenswert.

Park

Östlich vom Herrenhaus liegt hinter einem schmiedeeisernen Tor mit schlichten Pfeilern mit Vasenaufsatz der Park von Haus Opherdicke. Die Anlage soll von dem bekannten Gartenarchitekten Maximilian Friedrich Weye als englischer Landschaftsgarten angelegt worden sein. Am Nordrand steht ein quadratischer, weiß geschlämmter Gartenpavillon mit

Kaminzimmer

Gartenpavillon

geschweifter Haube. Über dem Portal zeigt ein Stein das Doppelwappen der Familien von Hane und von Dellwig und die Jahreszahl 1725.

Heutige Nutzung

Im Obergeschoss von Haus Opherdicke befinden sich heute Ausstellungs- und Galerieräume, in denen in Wechselausstellungen vor allem Kunst der ersten Hälfte des 20. Jahrhunderts gezeigt wird. Den Schwerpunkt der Präsentationen bildet die aus etwa 450 Gemälden, Grafiken und Zeichnungen bestehende Sammlung des Privatsammlers Frank Brabant, die vor allem Werke der klassischen Moderne enthält. Im Kultur-Café im Untergeschoss des Herrenhauses kann man bei Kaffee und Kuchen eine Pause einlegen.

Tipps + Termine

- **Öffentliche Führungen:**
  So. 11.30 u. 14.30 Uhr
- Im Spiegelsaal des Herrenhauses bietet die **Kammermusikalische Reihe** akustischen Genuss in historischem Ambiente, Termine unter Tel. (0 23 03) 27 11 41, 15 €
- Wer lieber Jazz, Rock oder Folk mag, wird bei der **Weltmusik Musikwelt** im Spiegelsaal oder in der Scheune auf seine Kosten kommen, Termine unter Tel. (0 23 03) 27 25 41, 20 €

Entree Haus Villigst

Kunst + Kultur

Haus Villigst, Evangelische Kirche von Westfalen, Iserlohner Straße 25, 58239 Schwerte, Tel. (0 23 04) 75 50, Außengelände jederzeit frei zugänglich

➤ **www.haus-villigst.de**

❶ Haus Villigst

(6,5 km von Haus Opherdicke)

Unmittelbar an der Ruhr bei Schwerte liegt die klassizistische Anlage von **Haus Villigst.** Um 1300 wird Sobo von Altena als Besitzer genannt, 1749 übernahm die Familie **von Elverfeldt** das Anwesen. Zwischen 1819 und 1831 ließ **Ludwig Gisbert von Elverfeldt** das klassizistische Schloss durch den Architekten Engelbert Kleinhanz aus Wuppertal-Elberfeld errichten.

Eine breite Toreinfahrt führt zum gelb verputzten **Herrenhaus** mit Walmdach. Der Eingangsbereich ist durch einen Mittelrisalit hervorgehoben, der im Giebel das Wappen der Familie von Elverfeldt und die Jahresangabe 1819 trägt. Die Fassade des Gebäudes wird durch Fensterverdachungen, Ecklisenen und ein umlaufendes Gesims über dem ersten Obergeschoss gegliedert. Dreiteilige Fenster, ein Balkon im ersten Obergeschoss und ein Giebelaufsatz betonen die mittleren Achsen der Fassade. Im Innern des Herrenhauses ist in einigen Räumen noch **klassizistisches Stuckdekor** erhalten. Seit 1948 ist die **Evangelische Kirche von Westfalen** Pächter der Anlage.

❷ Burg Unna

(6,5 km von Haus Opherdicke)

Burg Unna liegt im Nordwesten der Stadt und wurde vermutlich 1380 von **Engelbert III. von der Mark** als landesherrliche Stadtburg erbaut. Heute sind noch das **Haupthaus** und ein **Rundturm** erhalten, deren Aussehen aber von Umbaumaßnahmen im 19. Jahrhundert herrührt. Nur die unteren Stockwerke des Wehrturms, die Außenmauern des Wohnhauses und Teile der Gewölbekeller stammen noch aus dem Spätmittelalter. In der Burg ist das **Hellwegmuseum** der Stadt Unna beheimatet, das die Vor- und Frühgeschichte der Region und die Geschichte der Stadt bis zur Industrialisierung zeigt. Highlight der Ausstellung ist der **Goldschatz von Unna,** mit 255 Geldstücken der wertvollste mittelalterliche Münzfund Westfalens. Sie wurden um 1378/79 in der Altstadt vergraben und schlummerten fast 580 Jahre unentdeckt im Boden.

Info

Hellwegmuseum, Burgstraße 8, 59423 Unna, Tel. (0 23 03) 25 64 45, Mi./Fr. 10–12 u. 15–17, Do. 15–17, Sa./So. 14–17 Uhr, Eintritt frei

14 Schloss Borbeck

Adresse
Schloss Borbeck
Schlossstraße 101, 45355 Essen,
Tel. (02 01) 8 84 42 19,
Di.–So. 14–18 Uhr
➤ www.schlossborbeck.essen.de

Historische Ausstellung 3 €

Städtische Galerie Eintritt frei

Anfahrt PKW
A 40, AS 18 Mülheim-Winkhau-
sen/Essen Borbeck, Aktienstraße
Richtung Essen-Borbeck,
rechts Frintroper Straße (B 231),
links Fürstenbergstraße;
Parkplatz an der Schlossstraße
(GPS 51.46806, 6.94358),
etwa 300 Meter Fußweg

Anfahrt ÖPNV
Ab Essen-Borbeck Bf. Bus 140 bis
Schloss Borbeck oder Straßenbahn
103 bis Schloss Borbeck,
von hier etwa 500 m Fußweg

Essen + Trinken
Restaurant Zur Münze
Tel. (02 01) 68 14 25,
Di.–So. 11–22 Uhr

Außerdem sehenswert:

1 Essener Dom und Domschatz S. 120   **2** Museum Folkwang S. 12

Schloss
Borbeck

224

231

Altendorf

5 km

Schönebeck

Borbecker Mühlenbach

Don
1

Essen

Frohnhausen

5 km

40

Heissen

Holsterhausen

Museum Folkwang 2

N

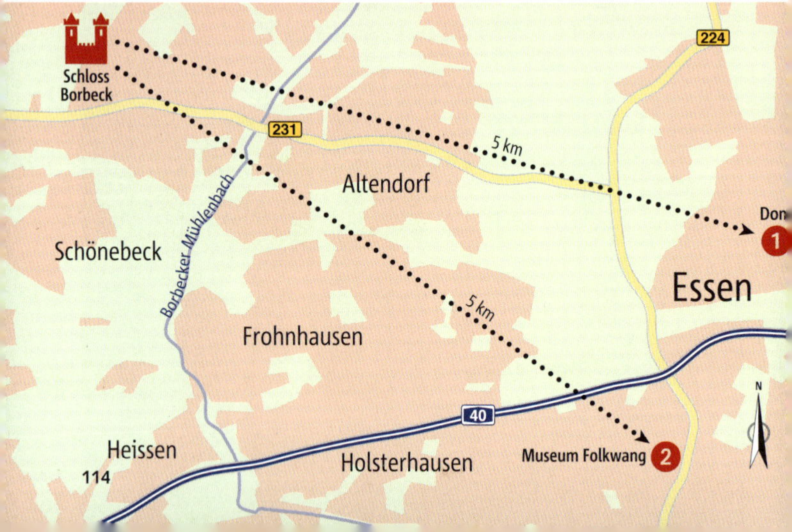

Schloss Borbeck

Die Residenz der Essener Äbtissinen

Museum Folkwang

Mittelalterlicher Turm in der Vorburg

Schloss Borbeck

Geschichte

Die Geschichte von Schloss Borbeck ist eng mit der des um 850 gegründeten Essener Damenstifts verbunden. Ein dazu gehörendes Gut Borthbeki wird im 9. und 10. Jahrhundert mehrfach urkundlich erwähnt. Ende des 13. Jahrhunderts ließ das Stift unter der Äbtissin Berta von Arnsberg den Hof befestigen. Anfang des 14. Jahrhunderts wurde Borbeck schließlich neue Residenz der Fürstäbtissinnen.

Im spanisch-niederländischen Krieg wurde die Burg durch spanische Truppen 1584 erst beschädigt und 1590 zum großen Teil zerstört. Die Fürstäbtissin Elisabeth von Manderscheid-Blankenheim ließ Borbeck bis 1594 wieder instand setzen. Um 1650 wurde durch Anna Salome von Salm-Reifferscheidt ein neues Renaissanceschloss errichtet, das sie ab 1665 als Wohnsitz nutzte. 1744 bis 1762 ließ es Franziska Christine von Pfalz-Sulzbach zum barocken Wasserschloss umbauen und einen Barockgarten anlegen.

Bis zur Säkularisation im Jahr 1803 war Schloss Borbeck Wohnsitz und Sommerresidenz der Essener Fürstäbtissinnen. Bereits ein Jahr später verkaufte der preußische Staat das Anwesen an die Grafen von Recke-Volmarstein. Nächster Besitzer war ab 1826 Reichsfreiherr Clemens von Fürstenberg, der die alte Vorburg abreißen und zwischen 1839 und 1842 von dem Essener Architekten Heinrich Theodor Freyse ein klassizistisches Wirtschaftsgebäude errichten ließ. 1865 wurde auch das Gra-

bensystem der Vorburg eingeebnet. Seit 1941 ist Schloss Borbeck im Besitz der Stadt Essen.

Anlage

Im Westen des heutigen Essener Stadtteils befindet sich inmitten eines 42 Hektar großen Parks Schloss Borbeck. Die ehemals auf zwei Inseln liegende Wasserburg umfasst das Haupthaus und Wirtschaftsgebäude auf dem Gelände der ehemaligen Vorburg. Das lange, aus drei Trakten bestehende Vorburggebäude wirkt in seiner spätklassizistischen Gestaltung und dem hellen Verputz bereits wie ein Schlossbau und zeugt so, obwohl nur zu Wirtschaftszwecken benutzt, vom Reichtum des Schlossherrn. Der 1842 errichtete Bau besteht aus einem Mitteltrakt mit Walmdach und zwei Flügeln mit Krüppelwalmdächern. Der Mitteltrakt ist durch einen dreiachsigen Risalit mit Dreiecksgiebel hervorgehoben. In die durch Gesimse gegliederte Fassade sind im Giebel und unter den Fenstern des ersten Obergeschosses renaissancezeitliche Schmuckelemente eingebaut, die ursprünglich von Schloss Horst in Gelsenkirchen stammen. An ◀ S. 74 der Nordwestecke steht ein quadrati-

scher Turm aus unverputztem Bruchsteinmauerwerk. Der ganz im Kontrast
zum klassizistischen Gebäude eine un-
vermutete Wehrhaftigkeit ausstrah-
lende Turm ist ein Überbleibsel der
alten Vorburg und stammt vermutlich
aus dem 15. Jahrhundert.

Eine Brücke mit zwei Sandsteinpfeilern
führt zum Hauptgebäude von Schloss
Borbeck. Der weiß verputzte Bruch-
steinbau mit Satteldach und Schweifgiebel an der Eingangsseite wird von
zwei quadratischen Ecktürmen mit geschweiften Hauben und Laternen flankiert. Der Nordteil stammt aus der
Mitte des 17. Jahrhunderts und geht
auf das Wohngebäude zurück, das
Anna Salome von Salm-Reifferscheidt
hier errichten ließ. Seine heutige Größe
erhielt es erst durch die fünf Fensterachsen umfassende Süderweiterung
unter Franziska Christine von Pfalz-
Sulzbach im Jahr 1744, die auch die
Fassade umgestalten ließ. Daher krönt
ihr Wappen auch das Eingangsportal.
Die Innenausstattung des Schlosses la-
gerte die letzte Fürstäbtissin Maria Kunigunde von Sachsen und Polen Ende
des 18. Jahrhunderts noch vor der Sä-
kularisierung nach Schloss Benrath in
Düsseldorf aus.

Park

Der weitläufige Schlosspark im englischen
Stil wurde von Anna Salome von Salm-
Reifferscheidt aus dem umliegenden Bu-
chenwald als Waldpark mit Wasserspielen
und terrassierten Steingärten ursprünglich
als Barockgarten angelegt. Das schmiedeeiserne Tor am Parkeingang aus dem
ausgehenden 17. Jahrhundert stammt

von Schloss Hugenpoet und stand von ◄ S.
1846 bis 1940 an der Zufahrt zum Schloss.
Unter Kunigunde von Sachsen und Polen
wurde der Park in einen englischen Landschaftsgarten umgestaltet. Von einigen
damals angelegten romantischen Bauten,
wie beispielsweise einer künstlichen
Ruine oder einem künstlichen Grabmal
ist heute nichts mehr erhalten. Unter
dem alten Baumbestand befindet sich
im westlichen Teil die Quelle der Bor-
becke, im östlichen Teil liegt die Du-

Wirtschaftsgebäude

bois-Arena, ein nach dem Zweiten Welt-krieg angelegter Boxring, in dem schon Max Schmeling kämpfte und der heute zur Hälfte als Amphitheater erhalten ist.

Heutige Nutzung

Schloss Borbeck ist heute Kultur- und Begegnungsstätte und beherbergt neben einer Sammlung zur Geschichte des Schlosses und der Fürstäbtissinnen die Städtische Galerie mit wechselnden Aus-stellungen zur zeitgenössischen Kunst.

Darüber hinaus sind hier die Folkwang Musikschule und ein Standort der Essener Volkshochschule untergebracht. Im Turm-zimmer des Schlosses unterhält das Es-sener Standesamt ein Trauzimmer. Wer nach dem Besuch der Ausstellung und des Schlossparks hungrig geworden ist, findet im Restaurant Zur Münze mit einer Terrasse zur Gräfte eine Einkehrmöglich-keit mit gehobener Küche.

① Essener Dom und Domschatz

(5 km von Schloss Borbeck)

Der **Essener Dom** war die Kirche des ehemaligen Stifts Borbeck und ist heute Bischofskirche des 1958 gegründeten Ruhrbistums. Der Bau wurde nach 1275 als **gotische Hallenkirche** unter Einbezug des Westwerks und der Krypta einer Vorgängerkirche aus ottonischer Zeit von den Fürstäbtissinnen Berta von Arnsberg und Beatrix von Holte errichtet. Ein Seitenaltar der Barockausstattung ist heute der Hauptaltar der dem Dom vorgelagerten **Anbetungskirche St. Johann.** In der **Krypta** befindet sich das **Hochgrab Altfrids,** dem Gründer des Essener Damenstifts, aus der Zeit um 1300. Am 6. März 1943 wurde der Dom durch alliierte Luftangriffe

Kunst + Kultur

- **Essener Dom,** Burgplatz 2, 45127 Essen, Tel. (02 01) 2 20 42 06, Mo./Fr. 10–18.30, Di.–Do. 6.30–18.30, Sa. 9–19.30, So. 9–20 Uhr
- **Anbetungskirche St. Johann,** Mo.–Fr. 6.30–18.30, Sa. 6.30–18 Uhr, So. zu Messzeiten
- **Domschatz,** Di.–Sa. 10–17, So. 11.30–17 Uhr, 4 €, Öffentliche Führungen durch Dom und Domschatz Sa. 11 Uhr, 5 € ▸ www.dom-essen.de

teilweise zerstört und bis 1958 wieder aufgebaut.

Der **Essener Domschatz** ging aus dem Inventar des Damenstifts hervor. Als einer der bedeutendsten Domschätze Deutschlands umfasst er Kunstwerke seit der ottonischen Zeit, darunter vier der wertvollsten **mittelalterlichen Vortragekreuze:** das Otto-Mathilden-Kreuz, das Kreuz mit den großen Senkschmelzen, das Theophanu-Kreuz und das Mathildenkreuz. Außerdem gehören zwei bedeutende Werke der mittelalterlichen Buchkunst, das **Theophanu-Reliquiar** und das **Kreuznagelreliquiar,** das Zeremonialschwert der Essener Äbtissinnen und die vermeintliche Kinderkrone Ottos III. zum Inventar.

Die absoluten Highlights des Domschatzes sind die im Dom selbst ausgestellte **Goldene Madonna,** die älteste vollplastische Marienfigur der abendländischen Kunst, und der 2 Meter große **siebenarmige Bronzeleuchter.**

Ergänzt wird die Sammlung durch **mittelalterliche Handschriften** seit der Karolingerzeit, wie dem Altfrid-Evangeliar, dem Essener Liber Ordinarius und dem Essener Nekrolog, sowie weiteren wertvollen Kunstwerken aus jüngeren Epochen.

❷ Museum Folkwang
(5 km von Schloss Borbeck)

Das 1902 ursprünglich in Hagen gegründete und erst 1921 nach Essen verlegte **Museum Folkwang** ist eine der bedeutendsten Sammlungen moderner Kunst in Deutschland. Im Jahr 2010 erhielt es einen neuen Ausstellungsbau. Hier finden Kunstbegeisterte Werke des **Impressionismus,** des **Expressionismus,** des **Surrealismus** und anderer Stilrichtungen angemessen präsentiert. Ergänzt wird die Sammlung durch kunstgewerbliche Objekte, Grafiken und Fotografien.

Info
Museum Folkwang
Museumsplatz 1, 45128 Essen,
Tel. (02 01) 8 84 54 44, Di.–Do.
u. Sa./So. 10–18, Fr. 10–22 Uhr,
5 € ❯ www.museum-folkwang.essen.de

15 Haus Weitmar

Adresse
Haus Weitmar
Schlossstraße 1, 44795 Bochum

Situation Kunst (für Max Imdahl)
Nevelstraße 29 c, 44795 Bochum,
Tel. (02 34) 2 98 89 01,
Mi.–Fr. 14–18, Sa./So. 12–18 Uhr,
Kubus 5 €, sonst Eintritt frei
▶ **www.situation-kunst.de**

Galerie m Bochum
Schlossstraße 1 a, 44795 Bochum,
Tel. (02 34) 4 39 97, Mi./Fr. 14–18,
Sa. 12–18 Uhr, Eintritt frei
▶ **www.m-bochum.de**

Anfahrt PKW
Aus Richtung Bochum Innenstadt
über Hattinger Straße (K 22),
an der Haltestelle Blankensteiner
Straße rechts;
Parkplatz an der Schlossstraße
(GPS 51.44397, 7.19220),
etwa 400 Meter Fußweg

Anfahrt ÖPNV
Ab Bochum Hbf. Straßenbahn 308
und 318, Bus 346, 354 und
394 bis Haus Weitmar,
etwa 400 Meter Fußweg

Essen + Trinken
Bistro im Kubus der Situation Kunst

Außerdem sehenswert:

1 Weitmarer Holz S. 130   **2** Deutsches Bergbau-Museum S. 131

Kunst im Kubus

Haus Weitmar

BERGBAU

GEWINNUNG

Bergbau-Museum

Brücke über die Gräfte

Haus Weitmar

Geschichte

Schon im 10. und 11. Jahrhundert wird ein Schultenhof in Weitmar erwähnt, der dem Benediktinerkloster in Essen-Werden unterstand. In der Großen Dortmunder Fehde 1388/89 zwischen der Reichsstadt Dortmund und einer Koalition unter dem Kölner Erzbischof und dem Grafen von der Mark wurde der Hof von Dortmunder Söldnern geplündert. Im Jahr 1464 begann Wennemar von Brüggeney, genannt Hasenkamp, mit dem Bau eines Rittergutes in Weitmar, 1481 wurde er mit dem Schultenhof belehnt.

Während des Spanisch-Niederländischen Kriegs brannten spanische Truppen im Jahr 1588 das Rittergut nieder. Die Familie von Hasenkamp baute das Anwesen 1592 wieder auf und errichtete das heute noch als Ruine erhaltene Herrenhaus.

Die 1397 erstmals erwähnte, dem heiligen Sylvester geweihte Kapelle diente als Hauskapelle des Ritterguts. Sie war später Filialkirche der Bochumer Petrikirche (heute Propsteikirche) und wurde 1471 eigenständig. In der Reformationszeit wurde sie seit 1543 für evangelische Gottesdienste genutzt und bekam 1572 einen lutherischen Pastor. Nachdem die Sylvesterkapelle zunehmend baufällig geworden war, wurde ihre Ausstattung auf andere Kirchen verteilt.

Mit dem Tod Johann von Hasenkamps 1764 starb das Adelsgeschlecht aus. Haus Weitmar kam zunächst als Lehen an Goswin von Vaerst und ging 1780 in den Besitz der Familie von Berswordt-Wallrabe über, der es bis heute gehört. Die neuen Herren auf Haus Weitmar ließen noch im 18. Jahrhundert die Gräfte einebnen und einen Garten anlegen. Das Herrenhaus erhielt ein mehrstöckiges Mansarddach, größere

Fenster, eine Bruchsteinbrücke und eine Freitreppe. Ende des 19. Jahrhunderts kamen der Landschaftspark und neue Nebengebäude, Anfang des 20. Jahrhunderts das Torhaus an der Ostseite des Parks hinzu.

Am 13. Mai 1943 wurde Haus Weitmar durch Bombentreffer zerstört. Vom Herrenhaus und der Kapelle blieben nur die heute noch sichtbaren Ruinen erhalten. Die übrigen Nebengebäude mit Ausnahme des Torhauses wurden erst 1968 abgebrochen.

Anlage

Haus Weitmar liegt im gleichnamigen Stadtteil im Bochumer Südwesten. Vom repräsentativen Herrenhaus aus Ruhrsandstein im Renaissancestil sind noch die Außenmauern mit den im 18. Jahrhundert eingebauten sandsteingefassten Fenstern und stichbogigen Fenstern im Sockelgeschoss an der Süd- und Ostseite erhalten. Architektonisch geübte Beobachter erkennen im Mauerwerk noch Spuren verschiedener Bauphasen in Form von Kaminen, Abtritterkern oder Kreuzstockfenstern. Zum Eingang an der Ostseite führen die später über die Gräfte gezogene Bruchsteinbrücke und eine doppelläufige Treppe. Im Innern der Ruine steht ein moderner Glaskubus, der im Mai 2010 als Erweiterungsbau des nördlich davon gelegenen Ausstellungsgebäudes der Situation Kunst (für Max Imdahl) eröffnet wurde.

Die Ruine der Sylvesterkapelle weist romanische Bauelemente im Turm auf,

Sylvesterkapelle

Im Schlosspark

die deutlich älter sind, als ihre erste Erwähnung Ende des 14. Jahrhunderts: unvollständig erhaltene Rundbogenfenster im Obergeschoss und ein restauriertes rundbogiges Portal mit Okulusfenster. Aus dem Turm gelangt man durch einen Rundbogen in das gotische Kirchenschiff und über einen spitzbogigen Durchgang und eine Treppe weiter in den gotischen Rechteckchor mit 3/8-Schluss. Außen wird der Chor durch mächtige Strebepfeiler gestützt, innen zeugen Konsolen von der ehemals gewölbten Decke. An seinen Seiten sind noch eine Tabernakelnische mit gotischem Spitzgiebel und eine dreieckig geschlossene Nische mit einem Becken zur rituellen Waschung erhalten.

Park

Anstelle der ehemals auf einer zweiten Gräfteninsel gelegenen Vorburg erstreckt sich östlich des Herrenhauses heute der Ende des 19. Jahrhunderts angelegte Schlosspark mit dem Torhaus, das Anfang des 20. Jahrhunderts zusammen mit einem schmiedeeisernen Tor errichtet wur-

de. Die Sandsteinpfeiler des Tors tragen die Wappen der Familie Berswordt-Wallrabe (Eber und Lilie).

Der Park besticht besonders durch seinen alten Baumbestand und die Skulptureninstallationen der Situation Kunst. Erwähnenswert sind Edelkastanien mit bis zu 4 Metern und Rotbuchen mit über 3 Metern Stammumfang. Bis zum Jahr 2000 stand hier eine 1740 gepflanzte Süntelbuche – eine seltene Rotbuchenart mit stark ausgeprägtem Drehwuchs. Nach mehrmaliger Brandstiftung ist der mächtige Baum mit einer Höhe und einem Kronenumfang von je rund 35 Meter auseinandergebrochen und abgestorben.

Heutige Nutzung

Haus Weitmar ist mit seinen malerischen Ruinen und dem bemerkenswerten Landschaftspark vor allem eine Adresse für Kunstliebhaber. Im Schlosspark sollten Besucher sich die 1968 gegründete Galerie m Bochum mit dem Schwerpunkt Neue Konkrete Kunst und die 1990 von der Familie Berswordt-Wallrabe den Kunstsammlungen der Ruhruniversität Bochum gestiftete Situation Kunst (für Max Imdahl) nicht entgehen lassen. Das Museum mit seiner Architektur aus markanten weißen Kuben und dem anlässlich der *RUHR.2010 – Kulturhauptstadt Europas* eröffneten vierstöckigen Glaskubus erinnert an den Gründungsordinarius des Kunstgeschichtlichen Instituts der Universität. Neben hochkarätiger zeitgenössischer Kunst bietet es auch afrikanische und asiatische Kunst vergangener Epochen. Im Kubus befindet sich auch ein kleines Bistro, das zu den Museumsöffnungszeiten zur Pause einlädt.

Haus Weitmar

Wildgehege Weitmarer Holz

Natur + Erlebnis
- **Weitmarer Holz** mit Wildgehege und Jörgenstein, Bankensteiner Straße, 44795 Bochum, Eintritt frei ➤ www.wildgehege-weitmarer-holz.de
- **Zeche Brockhauser Tiefbau,** Am Bliesstollen, 44797 Bochum

Essen + Trinken
Restaurant Waldhaus, Am Bliesstollen 44, 44797 Bochum, Tel. (02 34) 47 53 52, Mi.–Sa. ab 15, So. ab 11 Uhr ➤ www.waldhaus-bochum.de

❶ Weitmarer Holz

(1 km von Haus Weitmar)

Das **Weitmarer Holz** lädt zum Wandern, Radfahren und Erholen ein; im **Wildgehege** können unter anderem Damwild und Wildschweine beobachtet werden. Das heute noch etwa 80 Hektar große Buchenmischwaldgebiet ist der Rest der ursprünglich viel größeren Weitmarer Mark. Unter dem Vorsitz des jeweiligen Besitzers von Haus Weitmar wurde es genossenschaftlich genutzt, bis Mitte des 18. Jahrhunderts die montan-

wirtschaftliche Entwicklung der Region eine Privatisierung und bis 1829 eine Aufteilung notwendig machte. Ein großer Teil des Waldes wurde abgeholzt, um Platz für Bergmannssiedlungen zu schaffen.

Am Bliesstollen steht die Ruine des 1874/75 errichteten Malakowturms der ehemaligen **Zeche Brockhauser Tiefbau**. Mit seinem Mauerwerk aus Bruchsteinen und Ruhrsandstein und den Rundbogenfenstern erinnert er an den Turm einer mittelalterlichen Burg. Bis 1904 wurde hier Kohle abgebaut, seit 1886 diente die Anlage als Wetterschacht. Gegenüber findet man im **Restaurant Waldhaus** eine Einkehrmöglichkeit.

Am Weg zum Malakowturm steht ein etwa 6 Tonnen schwerer Findling, der **Jörgenstein.** Er erinnert an die Sage des Schweinehirten Jörgen: Ihm wird die zufällige Entdeckung der Steinkohle im Ruhrtal durch glühende Steine in seinem Lagerfeuer zugeschrieben.

❷ Deutsches Bergbau-Museum

(5 km von Haus Weitmar)

Einmal in Bochum, ist das **größte Bergbau-Museum** der Welt ein absolutes Muss. In den 1860er-Jahren ursprünglich als Lehrausstellung für den Bergschulunterricht gegründet, wird hier heute auf einer obertägigen Ausstellungsfläche von 12.000 Quadratmetern und einem 2,5 Kilometer langen **Anschauungsbergwerk** unter Tage die Entwicklung des Bergbaus von prähistorischer Zeit bis heute präsentiert. In 20 Metern Tiefe zeigen **Themenrundgänge** zum Steinkohle- und Eisenerzbergwerk Abbau und Förderung der wertvollen Rohstoffe unter nahezu realen Bedingungen. Seit 2014 vermittelt ein **Seilfahrtsimulator** ein Gefühl für die Einfahrt in einen Bergwerksstollen.

Info
Deutsches Bergbau-Museum
Bochum, Europaplatz,
44791 Bochum,
Tel. (02 34) 5 87 71 26,
Di.–Fr. 8.30–17,
Sa./So. 10–17 Uhr, 6,50 €
❯ **www.bergbaumuseum.de**

Bergbau-Museum

16 Haus Herbede

Adresse
Haus Herbede
Von-Elverfeldt-Allee 12,
58456 Witten,
Tel. (0 23 02) 20 12 11
➤ **www.hausherbede.de**

Galerie Haus Herbede, Mi., Fr./Sa.
16–18, So. 11–17 Uhr, Eintritt frei

Vorburg-Ateliers, Mi./Sa. 16–18,
So. 11–18 Uhr, Eintritt frei

Anfahrt PKW
A 43, AS 21 Witten-Herbede,
Wittener Straße (L 924) Richtung
Witten, in Herbede am 2. Kreis-
verkehr Vormholzer Straße, links
Meesmannstraße, hinter dem
Bahnübergang links Von-Elverfeldt-
Allee; Parkplatz am Haus Herbede
(GPS 51.42567, 7.28367

Anfahrt ÖPNV
Ab Witten Hbf. Bus 320 u. 375
bis Haus Herbede

Essen + Trinken
Restaurant Haus Herbede
Mo., Mi.–So. ab 12 Uhr,
Tel. (0 23 02) 7 22 58
➤ **www.restaurant-
haus-herbede.de**

Außerdem sehenswert:

1 Schloss Steinhausen S. 138 **2** Märkisches Museum S. 139

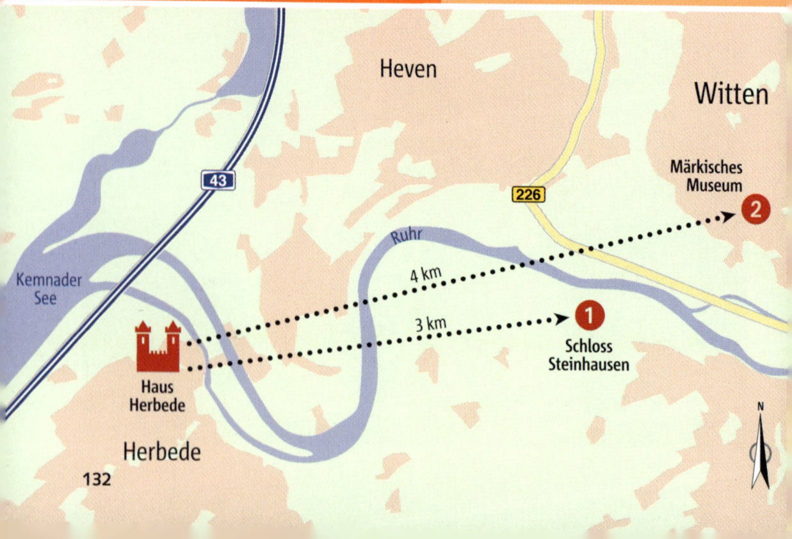

Heven

Witten

43

Märkisches
Museum

2

226

Ruhr

Kemnader
See

4 km

3 km

1

Schloss
Steinhausen

Haus
Herbede

Herbede

N

Haus Herbede

Ehemaliger mittelalterlicher Gerichtsherrensitz

Märkisches Museum

Haus Herbede

Geschichte

Bereits im 11. Jahrhundert wird ein Gut in Herbede urkundlich erwähnt, das im Besitz des Benediktinerinnenklosters in Kaufungen bei Kassel war. Zum Gut gehörte um 1220 umfangreicher Besitz mit 56 Einzelhöfen. Ende 1225 wurde es an den Ritter Arnold von Didinchoven verpachtet. Später gehörten der Hof und die zugehörige Vogtei den Grafen von der Mark, die 1311 die Herren von Elverfeldt damit belehnten.

Ein großer Brand um 1500 zog ab 1540 eine rege Bautätigkeit der Familie von Elverfeldt nach sich. Dabei muss auch die Waffenkammer der Burg in Mitleidenschaft gezogen worden sein, denn archäologische Untersuchungen im Keller des ältesten Gebäudeteils, des Steinhauses in der Südwestecke, förderten im Brandschutt Rüstungsteile und Waffen zu Tage, die heute im LWL-Museum für Archäologie in Herne zu bewundern sind.

S. 72 ▶

Die Familie von Elverfeldt wohnte bis um 1750 dauerhaft auf Haus Herbede, ab 1778 nutzte sie es nur noch als Witwensitz. Im Jahr 1922 wurden hier Arbeiterwohnungen für eine Federnfabrik eingerichtet, seit 1984 gehört die Burg zum Freizeitzentrum Kemnade.

Anlage

Haus Herbede liegt am Mühlengraben in der südlichen Ruhrniederung unweit vom Kemnader See. Die ehemalige Wasserburg wird heute durch ihre geschlossene vierflügelige Hauptburg mit durchgehendem Walmdach geprägt. Von Süden betritt man die Vorburg durch eine Durchfahrt mit einem Spitzbogen, der noch Schlüsselscharten und den Anschlag sowie die Kettenöffnungen einer Zugbrücke aufweist und wohl aus dem 16. Jahrhundert stammt. Die Bebauung der nach Norden nicht mehr ummauerten Vorburg stammt im Wesentlichen aus den 1980er-Jahren.

◀ S.

Unmittelbar links hinter dem Tor führt eine steinerne Bogenbrücke über die heute trockene Gräfte zur Hauptburg. Bis Ende des 18. Jahrhunderts war hier ebenfalls eine Zugbrücke, die beim Umbau zum Witwensitz entfernt wurde. Durch das kompakte Eingangsportal unter dem Wappenstein der Familie von Elverfeldt und den Jahreszahlen 1311 und 1889 betritt man einen kleinen, fast beengt wirkenden Innenhof. Hier fällt der Blick sofort auf den Ostflügel, der von einem großen zehnteiligen Kreuzstockfenster und einem darüber stehenden Relieffeld zwischen zwei korinthischen Halbsäulen beherrscht wird und das Highlight der Burg darstellt. Die Inschrift

---

Tipps + Termine
- Im Jahr finden zahlreiche Veranstaltungen statt, zum Beispiel ein **Frühlingsmarkt**, ein **Sommerfest** und ein **Weihnachtsmarkt** ▶ www.hausherbede.de
- Das Restaurant bietet Events, wie **Krimi-** oder **Musical-Dinner** an
  ▶ www.restaurant-haus-herbede.de

Blick vom Garten

Innenhof

im zentralen Feld nennt als Bauherrn Konrad von Elverfeldt und seine Frau Berta von Vittinghoff, genannt Schell zu Schellenberg. In den beiden angrenzenden Feldern sind die Wappen beider Familien angebracht, außen stehen Justitia und Lucretia als Sinnbilder für die Gerichtsherrlichkeit und die Tugendhaftigkeit der Burgherren. Die Jahreszahl 1576 bezieht sich auf den Umbau des Ostflügels, der schon um 1563 durch Schotte von Elverfeldt und seine Frau Göke Schenking von Bevern errichtet wurde. Ihr Allianzwappen über dem Portal links neben dem Kreuzstockfenster und viele zugemauerte Fenster zeugen heute noch von den älteren Bauphasen des Ostflügels. Zur Rechten steht das Giebelhaus, dessen Giebel allerdings im 18. Jahrhundert unter dem alle Flügel der Hauptburg umfassenden Walmdach verschwunden sind, und das später daran angebaute Zweiraumhaus, die zusammen den Südflügel der Hauptburg bilden. Es sind die ältesten erhaltenen Gebäude der Burg aus dem 13./14. bzw. 14./15. Jahrhundert.

Der Nordflügel entstand um 1540 parallel zu den Gebäuden des Südflügels. Ein außen angesetzter Treppenturm wurde bei der Errichtung der Westfront mit dem Haupteingang entfernt. Durch diesen in der ersten Hälfte des 17. Jahrhunderts erbauten, jüngsten Teil der Hauptburg wurde sie zur Vierflügelanlage mit geschlossenem Innenhof umgestaltet.

Garten

Restaurant im historischen Gewölbe

Heutige Nutzung

In Haus Herbede kann man heute im historischen Ambiente des Restaurants im Rittersaal, im Kaminzimmer oder in der Weinstube speisen. Im Obergeschoss der Hauptburg bietet die Galerie Haus Herbede mit wechselnden Ausstellungen zeitgenössischer Künstler einen schönen Kontrast zur mittelalterlichen Geschichte. In der Vorburg sind Kunstateliers ange-siedelt, die schöne Erinnerungen an den Besuch der Burg in Form von Keramik, Schmuck oder Glaskunst anbieten.

Bei gutem Wetter ist der kleine Biergarten im Schlossgarten die ideale Adresse für eine Einkehr. Im Kontrast zur Burg als wehrhafter Adelssitz finden sich hier ausgediente Maschinen aus der nahe-gelegenen Wittener Edel- und Spezial-stahlfabrik Friedr. Lohmann als Indus-trieskulpturen.

❶ Schloss Steinhausen

(3 km von Haus Herbede)

In Bommern trifft der Besucher auf **Schloss Steinhausen** und auf afrikanische Skulpturen. Ende des 13. Jahrhunderts stand hier die Burg Steinhausen, die 1434 bei Streitigkeiten zwischen den Grafen von der Mark und der Reichsstadt Dortmund zerstört wurde. Ab 1529 wurde das Rittergut erneuert. Das **klassizistische Herrenhaus** stammt in seiner heutigen Form im Wesentlichen aus dem Jahr 1810, die seitlich ange-

Kunst + Kultur
Shona Art, Auf Steinhausen 28, 58452 Witten, Tel. (0 23 02) 9 78 74 28, Mi.–So. 11–17 Uhr
❯ **www.shona-art.com**

Essen + Trinken
Restaurant Schloss Steinhausen
Auf Steinhausen 30,
58452 Witten,
Tel. (0 23 02) 39 99 90,
Mi.–Sa. ab 15, So. ab 12 Uhr
❯ **www.schloss-steinhausen.de**

baute **Kapelle** von 1648 wurde Anfang des 20. Jahrhunderts umgestaltet. Das **Giebelhaus** und die **Remise** aus dem frühen 17. Jahrhundert sowie ein großes dreiflügeliges **Stallgebäude** komplettie-

Schloss Steinhausen

Das Originalrelief im Märkischen Museum

ren das Anwesen. Ende des 19. Jahrhunderts wurde es in ein **romantisches Rittergut** mit historisierenden Formen umgebaut. Das Herrenhaus wird als **Restaurant** genutzt. In der Scheune befindet sich die **Galerie Shona Art,** deren **Skulpturenpark** mit zeitgenössischer Shona-Bildhauerkunst aus Zimbabwe einen interessanten Kontrast zur Schloss- und Gutsanlage bildet.

Info

Märkisches Museum, Husemannstraße 12, 58452 Witten,
Tel. (0 23 02) 5 81 25 50, Mi.,
Fr.–So. 12–18, Do. 12–20 Uhr, 4 €
> **www.kulturforum-witten.de**

2 Märkisches Museum

(4 km von Haus Herbede)

Das **Märkische Museum** in Witten verfügt mit etwa 4500 Kunstwerken aus der **Malerei und Grafik des 20. Jahrhunderts** über einen beeindruckenden Fundus. Hier findet man aber auch Ausstellungen des Vereins für Orts- und Heimatkunde in der Grafschaft Mark mit bedeutenden mittelalterlichen und frühneuzeitlichen Kunstwerken aus der Ruhrregion, wie dem barocken **Familiengrabmal Conrads von Strünkede** und dem Original des **Relieffelds von Haus Herbede.**

Adresse

Burg Hardenstein
Hardensteiner Weg,
58456 Witten,
Tel. (01 57) 81 97 44 50,
jederzeit frei zugänglich
➤ **www.burgfreunde-**
hardenstein.de

Anfahrt PKW

A 43, AS 20 Witten-Heven, See-
straße (K 12) Richtung Herbede,
Herbeder Straße (L 924) Richtung
Witten, rechts Ruhrdeich (B 226),
rechts Ruhrstraße, hinter der
Brücke rechts Nachtigallstraße,
Muttentalstraße;
Parkplatz am Industriemuseum
Zeche Nachtigall
(GPS 51.42916, 7.31300),

Fußweg etwa 1,3 Kilometer entlang der Ruhr über die Muttentalstraße und den Hardensteiner Weg

Anfahrt ÖPNV

Ab Witten Hbf. Bus 375 bis
Zu den Eichen, etwa 1 Kilometer
Fußweg über Am Nöcksken
und Hardensteiner Weg

Außerdem sehenswert:

1 Zeche Nachtigall S. 146   **2** Zeche Theresia S. 147

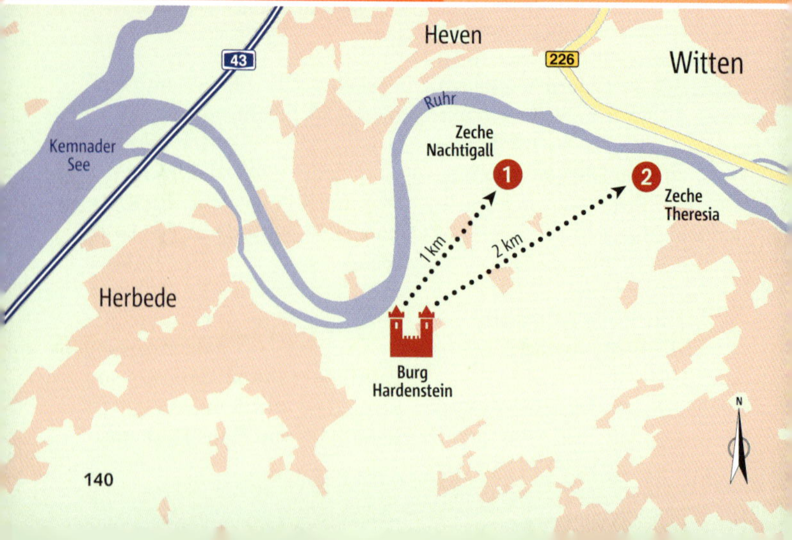

Heven

Witten

Ruhr

Zeche
Nachtigall

Kemnader
See

1

2 Zeche
Theresia

1 km

2 km

Herbede

Burg
Hardenstein

N

Burg Hardenstein

Wo einst der Zwergenkönig
Goldemar hauste ...

Zeche Nachtigall

Burg Hardenstein

Geschichte

Mitte des 14. Jahrhunderts suchte die adelige Familie von Hardenberg einen neuen Stammsitz und fand ihn an einer Ruhrschleife bei Witten. Die von Hardenberg stammen aus dem Bergischen Land, ihr eigentlicher Stammsitz lag in Velbert-Neviges; Heinrich II. von Hardenberg verkaufte ihn 1354 an die Grafen von Berg. Burg Hardenstein war zu dieser Zeit wohl schon im Bau, wurde aber erst 1363 urkundlich genannt.

Der Umzug der Familie von Hardenberg geschah vermutlich nicht freiwillig, sondern aus der Not heraus. Auf ihrer Stammburg in Velbert wuchs der Druck der mächtigen Grafen von Berg stetig. Nach dem Aussterben derer von Hardenberg kam Burg Hardenstein 1439 durch Heirat erst an die Familie Stael von Holstein, 1529 an die Familie von Brempt und 1603 schließlich an die Familie von Laer. Die jeweiligen Besitzer nahmen Erweiterungen und Umbauten an der Anlage vor. Zuletzt wurde sie allerdings nicht mehr als Hauptwohnsitz genutzt, sondern verpachtet, da die Hardensteiner Besitzungen nicht nur forstwirtschaftlich, sondern wegen der Erschließung der Kohlevorkommen im angrenzenden Muttental zunehmend auch montanwirtschaftlich interessant wurden. Im 18. und 19. Jahrhundert verfiel die Burg. Beim Bau der Ruhrtalbahntrasse, die heute unmittelbar an

In der Ruine

Unteres Tor

Tipps + Termine

- Im Sommer ist Burg Hardenstein im **historischen Dampfzug** oder **historischen Schienenbus** zu erreichen, Mai–Mitte Okt., Ruhrtalbahn, Tel. (02 08) 3 09 98 30 10 ➤ **www.ruhrtalbahn.de**
- Der 9 Kilometer lange **Bergbaurundweg Muttental** führt im Umfeld der Ruine an zahlreichen Relikten des frühen Bergbaus vorbei
- Ein schöner Blick auf die Burg bietet sich auch vom anderen Ruhrufer, das man bequem mit der **Fähre Hardenstein** erreichen kann, März–Okt., Tel. (0 23 02) 39 53 80 ➤ **www.ruhrtalfaehre.de**

der Ruine vorbeiführt, wurde sogar ein Abriss in Betracht gezogen.

Anlage

Burg Hardenstein liegt im Wald des gleichnamigen Naturschutzgebiets. Ein heute verfüllter Halsgraben zwischen der Ruhr und dem Hardensteiner Bach machte die Anlage zur Wasserburg. Der Sage nach ging es auf Hardenstein recht turbulent zu, als vor über 600 Jahren der Zwergenkönig Goldemar hier sein Unwesen trieb und sogar einen Küchengehilfen verspeist haben soll. Vor seinem Weggang verfluchte Goldemar die Hardenberger, die dann auch 40 Jahre später ausstarben.

Doch zurück zur Burgruine: Am Anfang eines kleinen Nebentals der Ruhr gelegen, hatte Burg Hardenstein strategisch keine besonders günstige Lage. Ihre Abgeschiedenheit unterstreicht den Bedeutungsverlust der Hardenberger nach ihrem Weggang aus Neviges.

Im Südwesten des Areals liegt die eindrucksvolle Ruine der Hauptburg mit ihren beiden Türmen. Sie wurde aus lokalem Ruhrsandstein erbaut. Den Kern

Blick über das Ruhrtal

und ältesten Teil der Anlage stellt das Turmhaus aus der Mitte des 14. Jahrhunderts dar. Erhalten sind zwei Räume des Kellergeschosses und die Wände einer ehemaligen Stube, der sogenannten Saalkammer, mit einem einsam in die Höhe ragenden Kamin. Die Stube und die ehemals daneben liegende Küche sind nicht unterkellert und stehen auf dem gewachsenen Fels.

Der südlich anschließende Bereich mit den beiden Rundtürmen an den Ecken stammt aus der Mitte des 15. Jahrhunderts und erweitert die Hauptburg um etwa 12 Meter. Durch ihre schlüssellochförmigen Schießscharten und Fenster ließ sich die Hauptburg bei Bedarf von den Türmen aus gut verteidigen. Reste von Kaminen am südlichen Turm zeigen, dass auch in der Erweiterung beheizte

Wohnräume lagen. Insgesamt hatte die Burg sieben, nach der Erweiterung sogar zehn Kamine.

Wahrscheinlich gleichzeitig mit der Erweiterung der Hauptburg im 15. Jahrhundert wurde die Mauer der Vorburg angelegt, die fast vollständig erhalten und teilweise noch bis zu 4 Meter hoch ist. An der Nordostecke beim unteren Tor ist ein Flankierungsturm mit schlüssellochförmigen Schießscharten erhalten. Ein Fachwerkgebäude des 17. Jahrhunderts an der Ostseite wurde 1974 wegen Baufälligkeit abgerissen.

Heutige Nutzung

Die Ruine der Burg Hardenstein ist jederzeit frei zugänglich und wird von den Burgfreunden Hardenstein erhalten und gepflegt.

❶ Zeche Nachtigall

(1 km von Burg Hardenstein)

Die ehemalige **Zeche Nachtigall** vermittelt heute als **Industriemuseum** die Geschichte des Steinkohlenbergbaus in der Wiege des Ruhrbergbaus, dem Muttental bei Witten. Sie wurde ab 1714 zunächst als Stollenbau betrieben, 1832 ging man hier zum Schachtbau über und betrieb sie ab 1834 als Tiefbauzeche.

Nachtigall ist ein Bergwerk der Superlative: 1847 war sie die erste Zeche, die unterhalb des Ruhrniveaus abbaute und 1857 mit 95.327 Tonnen Steinkohle ihr Fördermaximum erreichte. Damit war Nachtigall eine der größten Zechen ihrer Zeit. Nach der Stilllegung 1892 wurde der Kohleabbau durch die Kleinzeche Verei-

Kunst + Kultur
LWL-Industriemuseum Zeche Nachtigall, Nachtigallstraße 35, 58452 Witten, Tel. (0 23 02) 93 66 40, Di.–So. 10–18 Uhr, 3 €, Führungen 3 € zzgl. Eintritt
›www.zeche-nachtigall.de

Essen + Trinken
Auf Nachtigall, Di.–So. 10–19 Uhr
›www.auf-nachtigall.de

nigte Nachtigall zur Versorgung einer auf dem Areal angelegten Ziegelei noch einmal aufgenommen, erreichte aber nie mehr frühere Ausmaße. 1927 wurde die Produktion endgültig eingestellt.

Highlight des Industriemuseums ist der zum **Besucherbergwerk** ausgebaute Nachtigallstollen. Im **Maschinenhaus** ist eine der ältesten dampfbetriebenen För-

Zeche Nachtigall

Gruben- und Feldbahnmuseum Zeche Theresia

dermaschinen der Region aus dem Jahr 1887 zu bestaunen. Die Zeit nach der Zechenschließung repräsentiert die um den ehemaligen **Hercules-Schacht** – einem der ältesten Tiefbauschächte des Ruhrgebiets – angelegte **Doppelringofenanlage,** in der pro Jahr bis zu 11 Millionen Ziegel gebrannt werden konnten.

Das Kaffee-Gärtchen **Auf Nachtigall** hält für die Zechenbesucher hausgemachten Kuchen und leckere Eintöpfe bereit.

❷ Zeche Theresia
(2 km von Burg Hardenstein)

Zeche Theresia wurde 1812 als Stollenbergwerk in Betrieb genommen, nachdem dort bereits seit 1790 im Grubenfeld abgebaut wurde. 1830 waren die eigenen Steinkohlevorkommen weitge-

Info
Gruben- und Feldbahnmuseum Zeche Theresia
Nachtigallstraße 27–33,
58452 Witten,
Tel. (01 77) 4 93 85 04,
So. 11–18 Uhr, Eintritt frei,
Fahrt mit der Muttentalbahn 4 €
❯ www.muttentalbahn.org

hend erschöpft, sodass sie 1854 mit anderen zur Zeche Vereinigte Nachtigall Tiefbau konsolidierte. Mit deren Ende wurde 1892 auch der Abbau im Feld Theresia eingestellt. In den noch erhaltenen Gebäuden ist heute das **Gruben- und Feldbahnmuseum Zeche Theresia** untergebracht. Hier kann man 90 Lokomotiven, 200 Waggons und Loren aus der Zeit des aktiven Bergbaus der Region sehen. Ein besonderes Erlebnis ist eine Fahrt mit der **Muttentalbahn** zwischen den beiden Zechen Nachtigall und Theresia.

18 Burg Altendorf

Adresse

Burg Altendorf
Burgstraße 2, 45289 Essen,
Tel. (02 01) 57 15 31,
Vorburg jederzeit frei zugänglich,
Turmbesteigung Mitte Apr.–Mitte
Okt. Sa./So. 15–17 Uhr,
Eintritt frei
➤ **www.hbv-burgaltendorf.de**

Anfahrt PKW

A 44, AS 40 Essen-Überruhr,
Langenberger Straße (L 191)
Richtung Essen-Überruhr,
rechts Deipenbecktal,
rechts Mölleneystraße (L 925),
links Alte Hauptstraße (L 925);
Parkplatz am Restaurant
(GPS 51.41748, 7.12275)

Anfahrt ÖPNV

Ab Essen Hbf. Bus SB 15 bis
Burgaltendorf Burgruine

Essen + Trinken

Café-Restaurant Burgfreund
Tel. (02 01) 57 89 35,
tägl. 11.30–22 Uhr
➤ **www.burgfreund.de**

Außerdem sehenswert:

1 Zeche Zollverein S. 154 **2** Eisenbahnmuseum Bochum S. 155

Gelsenkirchen

Freisenbruch

Horst

Eisenbahnmuseum Bochum **2** 1,5 km

Bur
Altendo

227

40

10 km

Ruhr

Rotthausen

Essen

Kray

Steele

Huttrop

Zeche
Zollverein

148 **1**

227

N

Burg Altendorf

Ein mächtiger Turm
und ein wertvolles Pfand

Eisenbahnmuseum Dochum

Hauptburg mit Wohnturm

Burg Altendorf

Geschichte

Seit Ende des 12. Jahrhunderts sind die Herren von Altendorf aus mittelalterlichen Urkunden bekannt. Als Ministeriale der Essener Äbtissinnen bekleideten sie seit Ende des 13. Jahrhunderts das erbliche Amt des Drosten des Stifts Essen. Ihre Burg wird erst 1356 erstmals erwähnt.

Durch Heirat kam erst ein Teil und bis 1386 schließlich die gesamte Burg Altendorf in den Besitz der Familie von Vittinghoff-Schell. Christopher von Vittinghoff-Schell, der es als General in den Auseinandersetzungen zwischen dem Osmanischen Reich und den Habsburgern offenbar zu Reichtum gebracht hatte, baute ab 1533 die alte Burg weitreichend um. Mit Arnold von Vittinghoff starb das Geschlecht 1601 im Mannesstamme aus. Der Besitz wurde aufgeteilt, auf die Burg zog Johann von Ketteler zu Nesselrath. Sein Bruder Wilhelm heiratete die Witwe Arnolds von Vittinghoff; zusammen gelang es ihnen, den Besitz weitgehend wieder zu vereinen.

Johanns Witwe Katharina von Loe verpfändete 1629 nach dem Tod ihres Mannes Burg Altendorf für 14.000 Reichstaler an Jacob von Mangelmann. In der Folgezeit wurde die Burg zum Zankapfel, als nach dem Tod Jacobs von Mangelmann sowohl seine Kinder aus erster Ehe als auch seine Witwe aus zweiter Ehe Ansprüche auf die Burg geltend machten. Zwar ging der Besitz vorerst an seine Tochter Catharina Christine von Mangelmann, die ihn durch Heirat 1652 in die Familie von Mumm zu Schwarzenstein brachte. Jedoch hinterlegten bereits ein Jahr später die Erben der Familie von Ketteler die Pfandsumme, mit der sie die Burg zurückerwerben konnten. Bernhard von Mumm wollte die Burg aber auch nach Belagerung und Gerichtsprozessen nicht räumen und erstritt eine hohe Abfindung, die die Familie von Ketteler nicht aufbringen konnte oder wollte. Somit ging Burg Altendorf endgültig in den von Mumm'schen Familienbesitz über. 30 Jahre später erhob Wirich Wilhelm von Mangelmann, ein Sohn Jacobs von Mangelmann aus zweiter Ehe, erneut Anspruch auf die Burg und besetzte 1687 kurzerhand die zu dieser Zeit nur durch einen Verwalter bewohnte Anlage. Erst 1766 wurde der Streit endgültig gerichtlich beigelegt und Burg Altendorf zu unterschiedlichen Teilen unter den Familien von Mumm und von Wendt als Erben derer von Mangelmann aufgeteilt.

Die Burg kam schließlich Mitte des 19. Jahrhunderts in bürgerliche Hand und ist seit 1970 Eigentum der Stadt Essen.

Anlage

Die aus einer kastellartigen Vorburg und einer Hauptburg bestehende Anlage wird von ihrem mächtigen, alles überragenden Wohnturm geprägt. Beide Teile waren früher von einer wasserführenden, bis zu 12,50 Meter breiten Gräfte umschlossen, deren Wasser man über eine hölzerne Leitung über 800 Meter hierhin geleitet hatte.

Heute betritt der Besucher die Vorburg durch einen modernen Mauerdurchbruch von Westen; der ursprüngliche Zugang befand sich in der nördlichen Ringmauer. Die trapezförmige Anlage mit bis zu 70 Metern Seitenlänge wird an ihren vier Ecken durch Rundtürme gesichert. Von der einstigen Innenbebauung ist vor allem das ehemalige Wirtschaftsgebäude zu erwähnen, das bis in das Obergeschoss erhalten ist und noch mehrere Fenster im Originalzustand und den Rest eines Kamins aufweist. Im Innern befindet sich auch ein über 8 Meter tiefer Brunnen. Am an das Gebäude anschließenden Turm sind noch Schießscharten zu erkennen. In ihrer kastellartigen Konzeption dürfte die Vorburg auf die Umbauten unter Christopher von Vittinghoff-Schell in der ersten Hälfte des 16. Jahrhunderts zurückzuführen sein.

Über eine moderne Brücke gelangt man in die Hauptburg. Der ursprüngliche Zugang lag etwas weiter nördlich. Eine etwa 30 mal 30 Meter messende Ringmauer, die noch bis zu einer Höhe von 5 Metern erhalten ist, umgibt die gesamte Anlage. Innen sind vor allem im Süden noch Konsolen im Mauerwerk vorhanden, die zu einem Wehrgang gehörten. Im Südwesten springt ein kleiner rechteckiger Bau aus der Ringmauer vor, in dem Reste einer Treppe erhalten sind.

Die Anlage wird vom noch fast 22 Meter

Rundturm der Vorburg und Hauptburg

Wohnturm

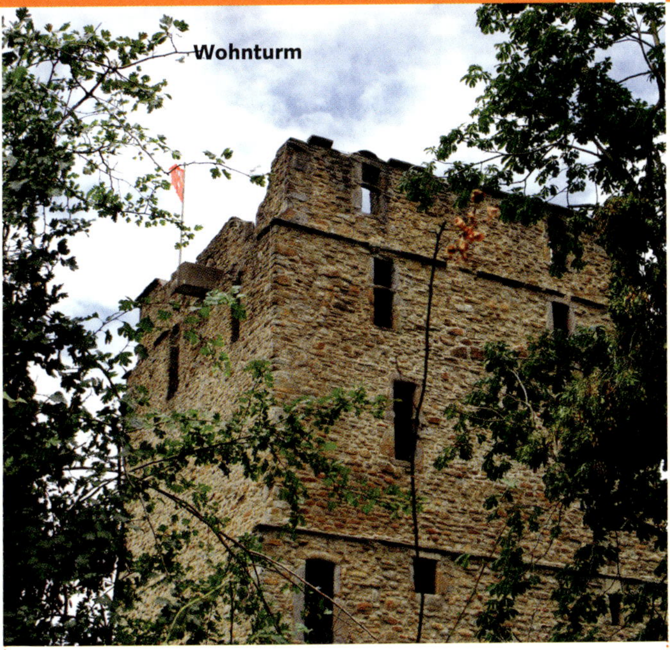

hohen Wohnturm überragt. Der fünfgeschossige Bau wurde an der Westseite zur Vorburg durch einen Treppenturm erschlossen, dessen Reste sich in der Fassade noch gut erkennen lassen. Im Südosten ist ein Abortschacht erhalten. Im Innern der Hauptburg ist die einstige Aufteilung durch die nicht mehr erhaltenen Decken nur noch an den Kaminen der einzelnen Etagen und Basen eines Kreuzrippengewölbes in der Wand des ersten Obergeschosses zu erkennen.

Heutige Nutzung

An den Wochenenden im Sommer ist der Wohnturm auch von innen für Besichtigungen geöffnet. Eine moderne Wendeltreppe ermöglicht den Aufstieg bis zur Aussichtsplattform. Von dort bietet sich ein guter Überblick über die Burg und ein schöner Rundblick über das Ruhrtal. In der Vorburg ist an den nordwestlichen Rundturm das Café-Restaurant Burgfreund angebaut, das mit gutem Essen sowie Kaffee und Kuchen Besucher anlockt.

① Zeche Zollverein

(10 km von Burg Altendorf)

Der Ort, an dem von 1847 bis 1986 Steinkohle abgebaut wurde, darf sich heute mit der benachbarten Kokerei Zollverein zum **UNESCO-Welterbe** zählen. Weithin sichtbar ist das Wahrzeichen der **Zeche Zollverein,** das große Doppelbockfördergerüst aus dem Jahr 1930.

Nach der Stilllegung im Jahr 1986 kaufte das Land Nordrhein-Westfalen das Areal von der Ruhrkohle AG und stellte das gesamte Industrieensemble unter **Denkmalschutz.** Heute ist die Zeche Zollverein ein atemberaubendes Monument der Industriekultur.

Kunst + Kultur
UNESCO-Welterbe Zollverein,
Gelsenkirchener Straße 181,
45309 Essen, Tel. (02 01)
24 68 10, tägl. 10–18 Uhr,
z. T. Eintritt frei, Eintrittspreise der einzelnen Ausstellungen unter
➤ **www.zollverein.de**

Essen + Trinken
- **Café & Restaurant Die Kokerei**
  März–Dez. Mo.–Fr. 12–20,
  Sa/So. 11–20 Uhr
- **Café Kohlenwäsche**
  tägl. 10–20 Uhr
- **Café Zollverein**
  Mo.–Fr. 9–18,
  Sa./So. 10–18 Uhr
- **Casino Zollverein**
  Di.–So. 11.30–24 Uhr,
  ➤ **www.casino-zollverein.de**

Das UNESCO-Welterbe

Auf der Lok

Dazu gehören beispielsweise das **Ruhr.Visitorcenter** und das **Ruhr Museum** in der Kohlenwäsche, die begehbare Rauminstallation **Palace of Projects** in der Kokerei, der **Kunstschacht Zollverein** auf dem Gelände von Schacht 1/2/8, das **Phänomania Erfahrungsfeld** auf Schacht 3/7/10. Für das leibliche Wohl wird in den zahlreichen **Cafés und Restaurants** auf dem Areal gesorgt.

② Eisenbahnmuseum Bochum

(1,5 km von Burg Altendorf)

Auf dem Gelände des 1969 stillgelegten Bahnbetriebswerks Bochum-Dahlhausen können Besucher im größten privaten **Eisenbahnmuseum** Deutschlands tief in die Geschichte zur Zeit der **Dampflokomotiven** eintauchen. Neben Lokschuppen, Drehscheibe, Wasserturm, Werkstätten, Bekohlungsanlage, Wasserkran und Sandturm sind hier die Dampflokomotiven und andere Schienenfahrzeuge die Stars, von denen über 120 Exemplare bestaunt werden können. Ein besonderes nostalgisches Erlebnis bietet eine Fahrt im **historischen Zug** durch das Ruhrtal.

Info
• **Eisenbahnmuseum Bochum**
Dr.-C.-Otto-Straße 191,
44879 Bochum,
Tel. (02 34) 49 25 16,
Di.–Fr., So. 10–17 Uhr, 7 €
➤ www.eisenbahnmuseum-bochum.de
• **RuhrtalBahn,** Honigsberger Straße 26, 45472 Mülheim, Tel. (02 08) 3 09 98 30 10
➤ www.ruhrtalbahn.de

Adresse

Hohensyburg
Hohensyburgstraße, 44265 Dortmund, jederzeit frei zugänglich

St. Peter zu Syburg
im Rahmen von Führungen zu besichtigen, Tel. (02 31) 1 89 44 52
❯ www.ev-kirche-syburg-
hoechsten.de

Besucherbergwerk Graf Wittekind
im Rahmen von Führungen zu besichtigen, Tel. (0 23 02) 69 05 43

Naturbühne Hohensyburg
Tel. (02 31) 77 43 10
❯ www.naturbuehne.de

Anfahrt PKW
A 1, AS 87 Hagen-Nord, Dortmunder Straße/Hengsteystraße (L 704) bzw. A 45 AS 8 Dortmund-Süd, Ruhrwaldstraße/Wittbräucker Straße (B 54); Parkplatz an der Hohensyburgstraße, 500 Meter vor dem Casino (GPS 51.42578, 7.48336)

Anfahrt ÖPNV
Ab Dortmund Hbf. Bus 444, ab Dortmund Hörde Bus 432 und 442, ab Hagen Hbf. Bus 544 jeweils bis Syburg bzw. Spielbank Hohensyburg, etwa 600 Meter Fußweg

Essen + Trinken
Restaurant Palmgarden im Casino Hohensyburg, Mi.–So. 18–23 Uhr

Vegas Restaurant im Casino Hohensyburg, Mo.–Do. 17–23, Fr./Sa. 17–24, So. 11–17 Uhr

Außerdem sehenswert:

1 Rombergpark S. 162   **2** Haus Rodenberg S. 163

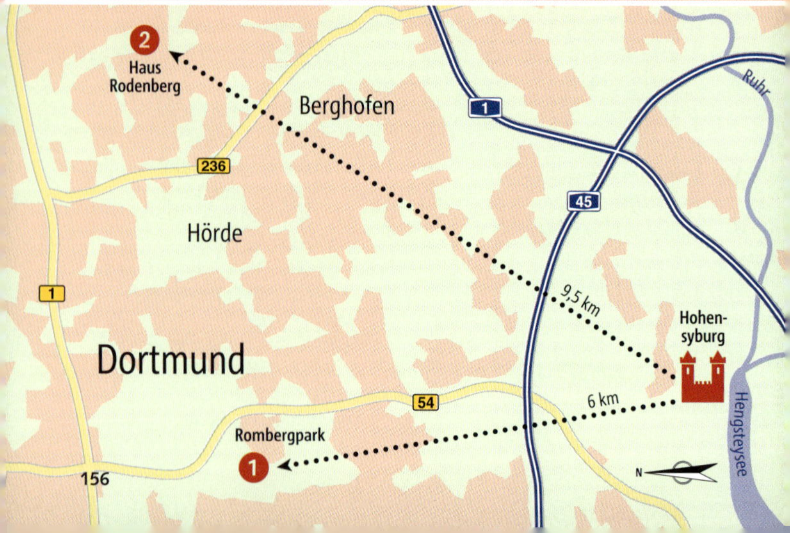

Hohensyburg

Wo Kaiser Wilhelm
über das Ruhrtal wacht

Kaiser-Wilhelm-Denkmal

Hohensyburg

Geschichte

Im Jahr 775 eroberten die Franken unter ihrem König Karl, dem späteren Kaiser Karl der Große, die sächsische Sigiburg, so berichten es fränkische Quellen. Wie genau sich der Kampf um die große, das gesamte Plateau des Sybergs umfassende sächsische Wallburg abgespielt hat, wissen wir heute nicht. Fest steht nur, dass sie eine wichtige Rolle in den über 30 Jahre andauernden Kämpfen zwischen Franken und Sachsen, den sogenannten Sachsenkriegen, gespielt haben muss, die letztlich mit der Christianisierung der Sachsen endeten. Bereits ein Jahr später wird in einer mittelalterlichen Chronik eine Basilika in der frühmittelalterlichen Burg genannt, bei der es sich um einen Vorläufer der Kirche St. Peter zu Syburg gehandelt haben dürfte, die erst im 12. Jahrhundert und damit zur Zeit der hochmittelalterlichen Syburg errichtet wurde. Im Jahr 1253 werden als Besitzer der Burg die Herren von Sieberg erstmals erwähnt, ein Ministerialengeschlecht, das den Kölner Erzbischöfen unterstand.

Nach der Zerstörung der Syburg durch Eberhard von der Mark im Jahr 1287/88 ging sie in den Besitz der Grafen von der Mark über. Noch Ende des 15. Jahrhunderts wird ein märkischer Verwalter erwähnt, der in der wiederaufgebauten Burg wohnte. Wie lange sie noch benutzt wurde, ist nicht überliefert. Stiche des 18. und 19. Jahrhunderts zeigen sie bereits als Ruine. Seit dieser Zeit ist der Syberg auch als romantisches Ausflugsziel bekannt, das von 1903 bis 1924 mit einer Standseilbahn von der

Gaststätte Haus Weitkamp im Dortmunder Ortsteil Syburg erreicht werden konnte.

Der zu Ehren Ludwigs von Vincke, des ersten Oberpräsidenten der preußischen Provinz Westfalen, erbaute Vincketurm wurde gegen Ende des Zweiten Weltkriegs von der Wehrmacht als Artilleriebeobachtungsposten genutzt, durch alliierten Beschuss beschädigt und erst 1955 wiederhergestellt. St. Peter zu Syburg wurde durch einen Luftangriff im März 1945 ebenfalls beschädigt und das Langhaus fast völlig zerstört. In den Jahren 1953 bis 1954 wurde es wiederaufgebaut; dabei ging der ursprüngliche Charakter einer mittelalterlichen Wehrkirche weitgehend verloren.

Anlage

Hoch über dem Zusammenfluss von Lenne und Ruhr thront auf einem Sporn des Ardeygebirges die Hohensyburg. Das dreieckige Plateau des Sybergs mit der frühmittelalterlichen Wallburg fällt nach allen Seiten steil ab und war dadurch gut zu verteidigen. Nur von Norden war die etwa 14 Hektar große Befestigung zugänglich. Von ihrer einstigen Holz-Erde-Mauer zeugen heute nur noch Erdwälle.

Innerhalb der großen frühmittelalterlichen Burg wurde im 12. Jahrhundert die deutlich kleinere steinerne Syburg errichtet, deren Mauern heute noch mehrere Meter hoch erhalten sind. Im Norden, Osten und Westen wurde sie durch einen weiteren Graben und eine Wehrmauer mit zwei Türmen geschützt. Innerhalb des Burgareals steht ein Bruchsteingebäude mit zwei Räumen und einem Turm an

> **Tipps + Termine**
> In der Spielbank Hohensyburg finden zahlreiche Veranstaltungen wie **Spiel-Turniere**, aber auch **Musicals** statt, Tel. (02 31) 7 74 00

Kriegerdenkmal

Blick über das Ruhrtal von der Hohensyburg

der Südseite – der ehemalige Palas. In der kleineren Kammer sind zwei gotische Wandnischen erhalten. Im größeren Raum stehen heute ein Kriegerdenkmal aus dem Jahr 1925 und zwei Gedenktafeln für die Gefallenen beider Weltkriege.

Unmittelbar neben der mittelalterlichen Ruine wurde 1857 an der höchsten Stelle des Plateaus auf etwa 245 Metern der Vincketurm errichtet. Am Ostende des Sybergplateaus liegt die romanische Kirche St. Peter zu Syburg, deren Saalbau ebenfalls aus dem 12. Jahrhundert stammt. Der massive Westturm wurde im 13.

Jahrhundert angebaut, das Kirchenschiff im 13./14. Jahrhundert um einen gotischen Chor erweitert. Auf dem Kirchhof stehen teils sehr alte Grabsteine, die bis in das 9. Jahrhundert zurückgehen. In der Kirche sind Fragmente noch älterer merowingischer und karolingischer Grabsteine ausgestellt.

An der Westspitze des Plateaus liegt das zwischen 1893 und 1902 errichtete und 1935 umgestaltete Kaiser-Wilhelm-Denkmal mit dem Reiterstandbild Kaiser Wilhelms I. und den Statuen Otto von Bismarcks und Helmuth von Moltkes.

Heutige Nutzung

Innerhalb des frühmittelalterlichen Burgareals lädt die Parkanlage Hohensyburg
mit Kiosk und Minigolf zum Spazierengehen ein. Zahlreiche Wanderwege, darunter der Ruhrhöhenweg und der Ja-
kobsweg nach Santiago de Compostela
führen über das Plateau vorbei an den
historischen Sehenswürdigkeiten. Ein
weiterer Anziehungspunkt ist heute auch
die 1985 eröffnete Spielbank Hohensyburg
samt gehobener Gastronomie.

Östlich der Wallburg lädt in der warmen
Jahreszeit die Naturbühne Hohensyburg
zum Freilichtbühnen-Erlebnis ein. Am
Nord- und Westhang des Sybergplateaus
führt der Syburger Bergbauweg vorbei
an ehemaligen Pingen und Stollen. Das
Besucherbergwerk Graf Wittekind vermittelt mit seinen engen Stollen aus der
zweiten Hälfte des 19. Jahrhunderts, die
z. T. nur gebückt oder bäuchlings passiert
werden können, einen atemberaubenden
Einblick in die Arbeitsbedingungen dieser
Zeit.

❶ Rombergpark

(6 km von der Hohensyburg)

Der 64 Hektar große Botanische Garten geht auf den Schlosspark des Adelssitzes Haus Brünninghausen zurück, der nach seinen Besitzern seit dem 19. Jahrhundert auch **Schloss Romberg** genannt wurde. Der Park wurde als englischer Garten von Maximilian Friedrich Weyhe konzipiert.

An den ehemaligen Adelssitz erinnern heute ein kleiner Rest der **Gräfte** und das **Torhaus.** Das halbrunde Gebäude mit seinem markanten Schweifgiebel auf der Hofseite wurde 1681 durch Conrad Philipp Romberg errichtet. Weitere Relikte des im Zweiten Weltkrieg zerstörten Schlosses sind der ursprünglich als Parkpavillon gedachte **Eiskeller** und frei-gelegte Reste der zwischen 1560 und 1571 errichteten Burg.

Der Rombergpark besticht vor allem durch seinen Baumbestand mit **exotischen Gehölzen,** wie beispielsweise einem Taschentuchbaum, und seltenen **heimischen Bäumen,** wie einer Süntel-

Kunst + Kultur
Botanischer Garten Rombergpark
Am Rombergpark 49 b,
44225 Dortmund,
Tel. (02 31) 5 02 41 64,
jederzeit frei zugänglich
➤ **www.rombergpark.dortmund.de**

Essen + Trinken
Café Orchidee
Mergelteichstraße 40 a,
44225 Dortmund,
Tel. (02 31) 1 89 61 49,
Apr.–Sept. tägl. 10–20,
Okt.–März tägl. 10–18 Uhr
➤ **www.cafe-orchidee.com**

Rombergpark

Haus Rodenberg

Info
- **Haus Rodenberg**
  Rodenbergstraße 36,
  44387 Dortmund
- **Castello Rodenberg**
  Tel. (02 31) 79 94 54 75
  ❯ **www.castello-rodenberg.de**

buche. Im Heilkräutergarten gibt es etwa 400 verschiedene Heilpflanzen. Die **Moor-Heide-Vegetation** im Park ist die größte künstliche Anlage dieser Art weltweit. Darüber hinaus präsentieren die **Pflanzenschauhäuser** tropische Pflanzen und Tiere. Hier befindet sich auch das **Café Orchidee**, das zu einer entspannten Pause einlädt.

 Haus Rodenberg

(9,5 km von der Hohensyburg)

Die 1290 erstmals urkundlich erwähnte Anlage stammt in seiner heutigen Form als **barockes Wasserschloss** aus den Jahren 1680 bis 1698. Das erhaltene dreiflügelige Gebäude mit seinem markanten Turm mit Welscher Haube wurde als Wohngebäude in der Vorburg errichtet, als das ursprüngliche Herrenhaus im nördlich angrenzenden Teich bereits verfallen war. Im Obergeschoss befindet sich eine **offene Galerie mit Arkaden** – ein sehr schönes, für Westfalen eigentlich untypisches Baumerkmal. An der Südwestecke der Vorburg steht der sogenannte Brackenturm, ein ehemaliger Hundezwinger. Heute bietet hier das **Castello Rodenberg** gepflegte Küche.

20 Isenburg

Adresse
Isenburg
Baldeney 36, 45134 Essen,
jederzeit frei zugänglich
➤ **www.isenburg-essen.de**

Anfahrt PKW
A 44, AS 41 Essen-Heisingen,
Königssiepen (K 3) Richtung
Essen-Heisingen bzw. A 52,
AS 27 Essen-Haarzopf,
Alfredstraße (B 224) Richtung
Essen-Werden, links Frankenstraße
(L 441), jeweils über Heisinger
Straße (K 3) und Drosselanger,
der Beschilderung folgen;

Parkmöglichkeit an der Straße
Bottlenberg
(GPS 51.412390, 7.029953),
etwa 275 Meter Fußweg

Anfahrt ÖPNV
Ab Essen Hbf. Bus 145
und 146 bis Schwarze Lene,
etwa 300 m Fußweg

Außerdem sehenswert:

❶ Villa Hügel S. 170   ❷ Grugapark S. 171

Grugapark ❷

Rütten-
scheid

Margarethen-
höhe

52

224

3,5 km

Stadtwald

Bredeney

Essen

Isenburg

1,5 km

Villa Hügel ❶

Baldeneysee

N

Isenburg

Romantische Ruine
über der Ruhr

Speerwerferin im Grugapark

Palasruine

Isenburg

Geschichte

Der Bau der Essener Isenburg, auch als Neue Isenburg bekannt, war eine Folge der Ächtung Friedrichs von Isenberg im Jahr 1226. Nachdem er wegen des Mordes an Erzbischof Engelbert von Köln hingerichtet worden war, zerstörte man seine Burg Isenberg in Hattingen und zog seine Güter ein.

Friedrichs ältester Sohn Dietrich von Isenberg, der sich um 1240 in Hohenlimburg an der Lenne niedergelassen hatte, forderte ab etwa 1230 die verlorenen Rechte seines Vaters zurück. Aus dieser Forderung entbrannte die sogenannte Isenberger Erbfehde. Zusammen mit seinem einflussreichen Onkel Heinrich IV. von Limburg bot Dietrich Graf Adolf I. von der Mark und dem Kölner Erzbischof Konrad von Hochstaden die Stirn, indem er um 1240 auf dem von ihm beanspruchten Territorium des Stiftes Werden eine neue Burg errichtete. Zwar bekam Dietrich 1243 einen Teil seines Erbes zurück, doch der Erzbischof wollte den Vogteibesitz mit den wichtigen Einnahmen nicht zurückgeben. Er eroberte 1244 die Isenburg und setzte mit Heinrich von Sayn einen eigenen Burgvogt ein.

Vier Jahre später verzichtete Dietrich von Isenberg auf die Vogteirechte seines Vaters und die neue Isenburg und zog sich nach Hohenlimburg zurück.

Später erlangte die Neue Isenburg einige Berühmtheit, da der Erzbischof hier Mitte des 13. Jahrhunderts hochrangige Gefangene einkerkerte, wie z. B. Graf Adolf I. von Waldeck und Schwalenberg

oder Bischof Simon I. von Paderborn. Nach der Schlacht von Worringen im Jahr 1288, einer der letzten großen Ritterschlachten des Mittelalters, die mit der Gefangennahme des Kölner Erzbischofs Siegfried von Westerburg endete, nutzte Eberhard I. von der Mark die Gelegenheit und eroberte einige kurkölnische Stützpunkte, darunter auch die Isenburg, die er daraufhin schleifen ließ. Zwischen 1927 und 1932 wurde die verfallene Burg freigelegt und die Mauern teilweise wieder aufgebaut.

Anlage

Wildromantisch präsentiert sich die Ruine der Isenburg, die auf einem hohen, nach drei Seiten abfallenden Sporn etwa 100 Meter über dem Ruhrtal thront. Nähert man sich der Anlage von Westen, trifft man zuerst auf den Rest eines halbrunden Turms, der heute noch bis zu 4,5 Meter hoch ist und ursprünglich 8 Meter breit war. Durch das ehemalige Tor in der nördlichen Ringmauer gelangt man in den östlichen Teil der Vorburg. Eine mo-

◄ S. 155

Tipps + Termine

- Die Weiße Flotte bietet **Rundfahrten** auf dem Baldeneysee und der Ruhr an: Weiße Flotte, Hardenbergufer 379, 45239 Essen, Tel. (02 01) 1 85 79 90
  ➤ www.flotte-essen.de
- Funde aus den archäologischen Ausgrabungen auf der Isenburg sind im **Ruhr Museum** auf der Zeche Zollverein ausgestellt

derne Brücke führt heute an der Stelle des mittelalterlichen Vorgängers über den 4 Meter tiefen Graben. Direkt dahinter steht in der Ringmauer der quadratische Hauptturm, dessen Stumpf 1,80 Meter starke Mauern aufweist. Ursprünglich soll er um die 20 Meter hoch gewesen sein und auch als Torturm gedient haben. An der Südseite ist noch ein später zugemauerter Durchgang zu sehen.

An der Südseite der Hauptburg befindet sich der ehemals dreistöckige Palas, von dem heute noch in der talseitigen Wand ein teilweise wieder aufgemauertes Fenster erhalten ist. Der Wohnbau gliedert sich in zwei Räume, der östliche liegt tiefer und ist über eine Treppe zu erreichen. An der Hofseite ist noch ein zugemauertes Kellerfenster zu erkennen. Zwischen Palas und Hauptturm liegen

Blick auf den Baldeneysee

weitere Kellerräume, die zu einem Verbindungsbau beider Gebäude gehört haben, und ein nachträglich angelegter Zugang zum Graben. An der Ostseite ist noch der über eine Treppe erreichbare Keller eines langen Gebäudes erhalten, im westlichen Teil des Innenhofs befindet sich der Brunnen der Burg. Vom Palas aus bietet sich dem Besucher ein wunderbarer Blick auf den Baldeneysee.

Heutige Nutzung

Die Isenburg ist als gesicherte Burgruine frei zugänglich und nicht nur wegen des wunderbaren Ausblicks beliebtes Ausflugsziel. Ein Denkmalpfad mit Schautafeln informiert über Geschichte und Architektur der Burg. Das Waldgebiet zwischen Ruine und See ist über Wanderwege gut erschlossen.

Villa Hügel

Kunst + Kultur
Villa Hügel, Hügel 1,
45133 Essen,
Tel. (02 01) 61 62 90, 5 €,
Villa Di.–So. 10–18,
Park tägl. 8–20 Uhr
> www.villahuegel.de

 Villa Hügel

(1,5 km von der Isenburg)

In Essen-Bredeney ließ Alfred Krupp 1873 die **Villa Hügel** errichten, einen Repräsentationssitz der Superlative, gegen den sich mittelalterliche Burgen, wie die Isenburg, winzig ausnehmen. Über **269 Räume** verteilen sich auf einer Wohnfläche von 8100 Quadratmetern im 28 Hektar großen Hügelpark. Zeitweilig verfügten die Krupps hier über 570 Bedienstete.

Der umliegende **Hügelpark** wurde 1883 fertiggestellt. Neben der Villa befanden sich hier über 50 verschiedene Gebäude und Parkinstallationen. Der Baumbestand ist wesentlich älter als die Villa, da Alfred Krupp alte Bäume hierhin verpflanzen ließ, um noch zu Lebzeiten den fertigen Park erleben zu können. Die heutige Gestaltung als **englischer Garten** geht auf Veränderungen zum 150. Jubiläum der Firma Krupp 1961 zurück. Von den Gebäuden im

Park sind neben dem Haupthaus noch die Beamten- oder Portierhäuser, das Gästehaus und das Spatzenhaus, ein ehemaliges Spielhaus für die Töchter Friedrich Alfred Krupps, erhalten.

Der letzte Hausherr, der noch in der Villa Hügel wohnte, bevor sie 1945 von der amerikanischen Besatzungsmacht übernommen wurde, war **Alfried Krupp von Bohlen und Halbach.** Erst 1952 erhielt die Familie das Anwesen zurück, das noch bis Ende der 1990er-Jahre der ThyssenKrupp AG als Repräsentationsgebäude diente. Die Villa kann als herausragendes Beispiel der Wohnkultur der Gründerzeit besichtigt werden und beherbergt auch das familien- und das firmengeschichtliche **Archiv Krupp.**

❷ Grugapark

(3,5 km von der Isenburg)

Im Jahr 1929 eröffnete in Essen die erste **Große Ruhrländische Gartenbauausstellung** – kurz GRUGA. Auf dem 65 Hektar großen Areal im **Grugapark** stehen die Zeichen seitdem auf Gartenpracht. Außerdem gibt es einen **Tierpark,** Spiel- und Sportstätten. Im Park stehen über 40 Skulpturen bekannter Künstler, dazwischen findet man den mittelalterlichen **Stenshofturm** oder das **Ronald-McDonald-Haus** von Friedensreich Hundertwasser. Am

Kunst im Grugapark

Info

Grugapark, Norbertstraße 2, 45131 Essen, Tel. (02 01) 8 88 31 06, tägl. 9 Uhr–Einbruch der Dunkelheit, 4 € ▸ **www.grugapark.de**

und im Park liegen auch ein **Restaurant,** das **Gruga-Informationszentrum,** die **Messe Essen,** die **Grugahalle** sowie das **Grugabad.**

21 Burg Blankenstein

Adresse
Burg Blankenstein
Burgstraße, 45527 Hattingen

Torturm und Innenhof
jederzeit frei zugänglich

Wirtschaftsgebäude am Torturm
während der Öffnungszeiten des
Restaurants

Anfahrt PKW
A 43, AS 21 Witten-Herbede,
Wittener Straße (L 924) Richtung
Hattingen, in Blankenstein rechts
Im Tünken;
Parkplatz unterhalb der Burg
(GPS 51.40623, 7.22940),
etwa 250 Meter Fußweg

Anfahrt ÖPNV
Ab Bochum Hbf. Bus CE 31,
ab Wetter Bf. Bus SB 38 bis
Burg Blankenstein,
etwa 250 Meter Fußweg

Essen + Trinken
Restaurant Burg Blankenstein
Tel. (0 23 24) 3 32 31,
Mo.–Fr. ab 18, Sa. ab 14,
So. ab 11 Uhr
❯ **www.burgblankenstein.de**

Außerdem sehenswert:

❶ Blankenstein S. 178 ❷ Dorfkirche Stiepel S. 179

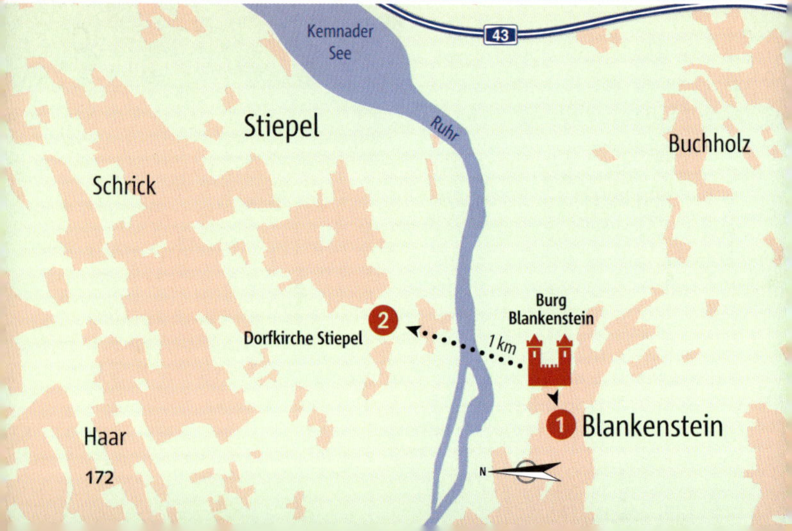

Kemnader
See

43

Stiepel

Ruhr

Buchholz

Schrick

**Burg
Blankenstein**

Dorfkirche Stiepel ❷ ◀ ∙∙∙∙∙ 1 km

❶ Blankenstein

Haar

N

Erbaut auf einem
blanken Steyn über der Ruhr

Burg Blankenstein

Im Torturm

Burg Blankenstein

Geschichte

Die Geschichte der Burg Blankenstein ist eng verknüpft mit den Geschehnissen auf der nur wenige Kilometer ruhrab-wärts gelegenen Burg Isenberg. Un-mittelbar nach deren Zerstörung begann Graf Adolf I. von der Mark im Jahr 1226 mit dem Bau der Burg Blanken-stein, um die ehemaligen Isenberger Besitzungen zu kontrollieren. Blanken-stein zählte im Jahr 1425 zusammen mit den Burgen Altena, Volmarstein und Wetter zu den Hauptschlössern der märkischen Grafen. Adolf IV. von der Mark unterstrich ihre Bedeutung durch den Bau eines neuen großen Palas. Zu dieser Zeit besaß Burg Blan-kenstein neben dem Torturm noch einen Bergfried und den sogenannten Engel-bert-Turm, den Graf Engelbert I. von der Mark im 13. Jahrhundert errichten ließ. Im 16. Jahrhundert wurde er al-lerdings wieder abgerissen.

88 ▶

Tipps + Termine

- Das Restaurant Burg Blanken-stein bietet **Ritteressen** samt Zeremonienmeister, Spielleuten und Gauklern an. Eine Giftprobe vor dem Mahl stellt sicher, dass das Bankett unbesorgt genossen werden kann
- In unregelmäßigem Abstand finden verschiedene Events, wie z. B. ein **Ritterfest** statt
- Burg Blankenstein ist im Sommer im **historischen Dampfzug** oder **historischen Schienenbus** zu erreichen. Ruhrtalbahn, Tel. (02 08) 3 09 98 30 10, Mai–Mitte Okt.
  - ▶ www.ruhrtalbahn.de

Bereits im 15. Jahrhundert begann der Niedergang der Burg. Nach Auszug des Drosten Johann Stecke im Jahr 1494 blieb sie zunächst unbewohnt. Im Spa-nisch-Niederländischen Krieg besetzten ab 1614 spanische Truppen die Burg für mehrere Jahre. Der 1637 dort am-tierende Verwalter Drost Johann Georg

Fundamente des Palas'

Syberg ließ sie weiter verfallen, und schließlich ordnete Kurfürst Friedrich Wilhelm von Brandenburg 1662 die Schleifung der Anlage an. Mit Ausnahme des Torturms wurden alle Gebäude bis auf die Fundamente abgerissen.

Der Turm diente im Siebenjährigen Krieg als Magazin und später als Wohnung, bis 1860 der Geschäftsmann Gustav vom Stein das Areal erwarb. Er richtete in der Burg eine Garnfabrik und an den Terrassen zur Ruhr eine Gaststätte ein.

Seit 1922 gehört Burg Blankenstein der Stadt Bochum und ist seitdem mit Unterbrechungen als Gaststätte verpachtet. Der Torturm wurde im Zweiten Weltkrieg als Flakstellung benutzt und durch Granatbeschuss beschädigt. Später diente die Burg zwischenzeitlich als Kunstatelier.

Anlage

Hoch auf einem Sporn über dem Ruhrtal thront die Ruine der Burg Blankenstein mit ihrem weithin sichtbaren Torturm.

Historisierender Turm an der Tordurchfahrt

Die heute erhaltene Anlage ist geprägt durch ein Nebeneinander mittelalterlicher und jüngerer historisierender Bausubstanz. Von der evangelischen Kirche führt eine breite Steinbrücke zur Burgruine. Der Weg führt an der Burgmauer auf den massigen, quadratischen Torturm zu. Die Mauer mit der kleinen Bastion und den Streben sowie der runde, aus dem Verwaltungsgebäude vorspringende Turm mit kegelförmigem Dach stammen aus jüngerer Zeit und gehören nicht zur mittelalterlichen Burg, deren Mauer etwas dahinter zurückversetzt verlief. Der Torturm diente im Mittelalter als Einlass zur Haupt-

Tordurchfahrt

burg. Heute führt eine breite, moderne Durchfahrt neben dem Turm in den Innenhof. Da es sich um den einzigen erhaltenen mittelalterlichen Turm der Burg handelt, wird er häufig auch aufgrund seiner Außenmaße fälschlicherweise als Bergfried bezeichnet.

Von seiner Aussichtsplattform bietet sich ein schöner Blick über das Ruhrtal, direkt unterhalb schließt sich das Gaststättengebäude an. An dieser Stelle standen wohl ursprünglich Wirtschaftsgebäude. Hier ist auch der nördliche Teil der einst mächtigen Ringmauer mit ihren Strebepfeilern noch gut erhalten. Im Osten schließen daran die Fundamente eines saalartigen Baus an, dem ehemaligen Palas Adolfs IV. aus der ersten Hälfte des 15. Jahrhunderts. Die Mauerreste vor der Ringmauer sind nicht mittelalterlich, sie gehören zu einer 1864 über den historischen Fundamenten errichteten,

heute aber nicht mehr erhaltenen Gaststätte. An der südöstlichen Burgecke steht ein historisierendes zweigeschossiges Gebäude des 19. Jahrhunderts mit vorgesetztem Rundbogenportal, das aber einen mittelalterlichen Vorgänger gehabt haben dürfte. An der Südwestecke liegen die Fundamente eines weiteren Gebäudes und eines Rundturms mit 9 Meter Durchmesser an der höchsten Stelle der Burg: Hier stand vermutlich der eigentliche Bergfried. Schließlich führt der Rundgang am ebenfalls modernen Verwaltungsgebäude zurück zur Tordurchfahrt.

Heutige Nutzung

Burg Blankenstein beherbergt heute ein Restaurant mit Biergarten im Innenhof. Der Torturm bietet einen schönen Ausblick über das Ruhrtal, die Burg und den malerischen Ort Blankenstein. Die übrigen Räumlichkeiten sind nicht zugänglich.

Kunst + Kultur

- **Blankenstein** mit **St. Johann Baptist** (Marktplatz 12–13) und **evangelischer Kirche** (Burgstraße 3)
  ➤ **www.hvb-blankenstein.de**
- **Stadtmuseum Hattingen**
  Marktplatz 1–3,
  45527 Hattingen,
  Tel. (0 23 24) 2 04 35 23,
  Mi.–Fr. 15–18,
  Sa./So. 11–18 Uhr, Eintritt frei
  ➤ **www.stadtmuseum.hattingen.de**

Essen + Trinken

Elas kleines Café,
Im Vogelsang 5–11,
45527 Hattingen,
Tel. (0 23 24) 39 64 67,
Mo.–Fr. 8–11 u. 14–18,
Sa./So. 14–18 Uhr
➤ **www.elas-kleines-cafe.de**

① Blankenstein

(Unmittelbare Umgebung)

Nach dem Besuch der Burg bietet sich ein Rundgang durch **Blankenstein** mit seinen **malerischen Fachwerkhäusern** an. Die früher eigenständige Stadt geht auf die Freiheit Blankenstein zurück, die sich im 13. Jahrhundert im Umfeld der Burg entwickelte. Die stadtrechtähnlichen Privilegien führten im Mittelalter zum Aufschwung und zur Blüte Blankensteins. Im Jahr 1554 gehörte es sogar zur Hanse und erhielt 1594 das Recht, Jahrmärkte abzuhalten. Mit dem Niedergang der Burg verlor auch Blankenstein an Bedeutung. 1665 zerstörte eine Feuersbrunst fast

Freiheit Blankenstein

den gesamten Ort, der erst zu Beginn des 19. Jahrhunderts eine zweite Blüte durch die aufstrebende Eisenindustrie, die Tuchweberei, Seilwerke und den Bau von Lastkähnen an der Ruhr erfuhr.

Ein Besuch des **Hattinger Stadtmuseums** am Marktplatz lohnt sich in jedem Fall. Direkt daneben steht die katholische Kirche **St. Johannes Baptist,** eine zwischen 1794 und 1801 erbaute klassizistische Saalkirche mit sehenswerter spätgotischer Pieta und Barockaltar.

Die **evangelische Kirche** aus dem Jahr 1767 geht auf eine Burgkapelle des 13. Jahrhunderts zurück, ihr Turm stammt von 1775. Im Kircheninnern sind ein barocker Kanzelaltar und ein Taufstein von 1689 zu bewundern. Abschließend bietet **Elas kleines Café** Kaffee und Kuchen in familiärer Atmosphäre.

② **Dorfkirche Stiepel**
(1 km von der Burg Blankenstein)

Am anderen Ruhrufer liegt **Stiepel** mit seiner bemerkenswerten **evangelischen Dorfkirche,** die als einfache Saalkirche einer (wahrscheinlich gefälschten) Gründungsurkunde zufolge bereits 1008 erbaut worden sein soll. Später wurde sie erst zur romanischen Basilika und im 15. Jahrhundert dann zur Hallenkirche mit zwei Seitenschiffen und gotischem Chor

Stiepeler Kirche

Info

Dorfkirche Stiepel
Brockhauser Straße 72 a,
44797 Bochum,
Tel. (02 34) 79 13 37,
Di.–So. 14–18 (Sommerzeit),
15–17 Uhr (Winterzeit),
Eintritt frei
➤ **www.dorfkirche-bochum-stiepel.de**

erweitert. Die Stiepeler Dorfkirche ist vor allem wegen ihrer herausragenden **romanischen und gotischen Wandmalereien** bekannt, die teilweise schon aus dem ausgehenden 12. Jahrhundert stammen. Auf dem Kirchhof stehen 72 Grabsteine aus der Zeit von 1600 bis 1709.

22 Haus Kemnade

Adresse
Haus Kemnade
An der Kemnade 10,
45527 Hattingen,
Tel. (0 23 24) 3 02 68,
Mai–Okt. Di.–So. 12–18,
Nov.–Apr. Di.–So. 11–17 Uhr,
Eintritt frei
➤ **www.fv-hauskemnade.de**

Schatzkammer
➤ **www.schatzkammer-kemnade.de**

Bauernhausmuseum
Tel. (02 34) 5 16 00 18

Anfahrt PKW
A 43 AS 21 Witten-Herbede,
Wittener Straße (L 924) Richtung
Hattingen; Parkplatz an der Burg
(GPS 51.40837, 7.24880)

Anfahrt ÖPNV
Ab Bochum Hbf. Bus CE 31
bis Haus Kemnade

Essen + Trinken
Burgstuben Haus Kemnade
Di.–So. 12–23 Uhr,
Tel. (0 23 24) 9 33 10
➤ **www.hauskemnade.de**

Außerdem sehenswert:

1 Kemnader See S. 186   **2** Botanischer Garten S. 187

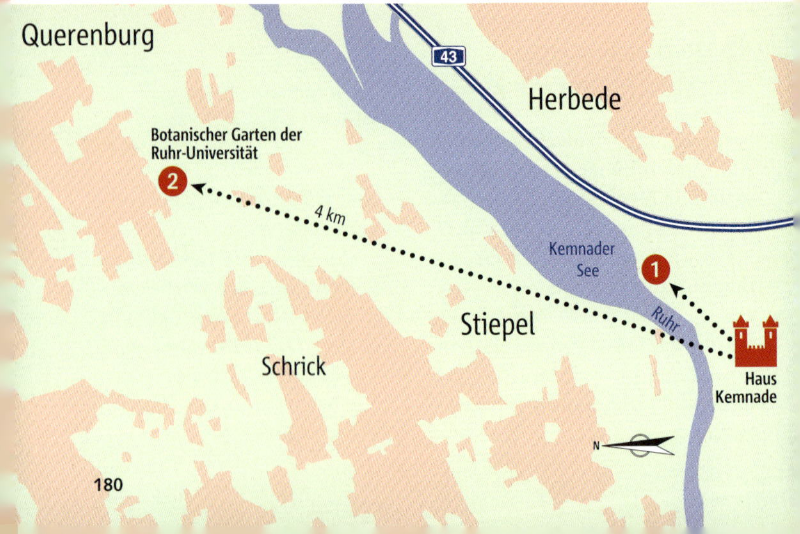

Querenburg

43

Herbede

Botanischer Garten der
Ruhr-Universität

2

4 km

Kemnader
See

1

Ruhr

Stiepel

Schrick

Haus
Kemnade

N

Haus Kemnade

Musikinstrumente,
Münzen und ostasiatische Kunst

Die Feldseite mit moderner Brücke

Haus Kemnade

Geschichte

Haus Kemnade wurde im 14. Jahrhundert durch das westfälische Adelsgeschlecht Dücker erbaut, das schon ab 1266 die Herrschaft Stiepel als Lehen von den Edelherren zur Lippe erhalten hatte. Beides kam nach dem Tode Heinrich Dückers 1409 im Jahr 1410 an Dietrich von Romberg und mangels männlicher Nachkommen 1414 durch Heirat an die Familie von der Recke.

Ein verheerender Brand Ostern 1589 zerstörte große Teile der Burg. Es blieben lediglich die Kapelle, der Rundturm im Südosten und Teile der Außenmauern erhalten. Erste Sanierungsarbeiten begannen bereits 1591, wie eine Inschrift an der Ostseite des Haupthauses bezeugt. Der eigentliche Wiederaufbau fand zwischen 1602 und 1704 statt.

Lehnsrechte und das Rittergut wurde Syberger Eigentum, das nach dem Tod Friedrichs von Syberg über seine Schwester Philippine 1847/48 durch Heirat an Wilhelm Friedrich von Berswordt-Wallrabe kam. Das gesamte Anwesen mitsamt Ländereien wurde 1921 an die Stadt Bochum verkauft.

Anlage

Wennemar V. von der Recke überschrieb in dieser Zeit Haus Kemnade an Georg von Syberg, den Ehemann seiner ältesten Tochter. Die Verstaatlichung der Herrschaft Stiepel durch das Königreich Preußen im Jahr 1753 entzog den von Sybergs wichtige Einnahmen, sodass sie schließlich um 1780 aus wirtschaftlicher Not die Vorburg in einen Gutshof umwandelten. Unter napoleonischem Einfluss erloschen 1809 die lippischen

In den südlichen Ruhrauen inmitten des Naturschutzgebiets Alte Ruhr-Katzenstein liegt unweit des Kemnader Sees die Wasserburg Haus Kemnade. Über eine Steinbogenbrücke überquert man die trapezförmige Gräfte und tritt durch ein breites Rundbogenportal in die Vorburg. Der jüngste Teil der Wasserburg ist der an drei Seiten mit Bruchsteingebäuden bebaute Gutshof aus dem 18. Jahrhundert, der zur Hauptburg hin offen ist. An

Grabstein an der Gräfte

den Außenecken im Nordwesten und Südwesten stehen zwei vorgelagerte Ecktürme.

Im Osten schließt die Hauptburg an. Ursprünglich dürften Vor- und Hauptburg als Zweiinselanlage durch eine Gräfte voneinander getrennt gewesen sein. Der Blick fällt nun unmittelbar auf das Herrenhaus im Renaissancestil mit seinem Treppenturm und dem kurzen Südflügel. Im Norden schließt ein Flügel mit Fachwerkobergeschoss als Verbindung zu dem um 1665 erbauten Nordwestturm an.

Die Fassade des unverputzten Bruchsteinbaus unter einem hohen Walmdach wird durch Kreuzstockfenster und Türen mit Werksteineinfassung charakterisiert. An vielen Stellen dokumentieren Inschriften und Wappentafeln den Wiederaufbau der Burg im 17. Jahrhundert. Besonders ins Auge fallen eingemauerte Steinkugeln mit Inschriften, von denen man wohl glaubte, sie könnten die Bewohner vor Unheil schützen.

An der Außenseite zur Gräfte wird die Hauptburg durch einen Rundturm an der Südostecke und einen mächtigen quadratischen Turm an der Nordostecke begrenzt. Ein weiterer Eingang führt von der Feldseite über eine moderne Brücke in die Hauptburg. Hier befand sich ursprünglich eine Zugbrücke.

Sehenswert im Burginneren sind die spätgotische Kapelle mit einem um 1500 entstandenen Kreuzrippengewölbe und barockem Taufstein sowie der Rittersaal mit der im 17. Jahrhundert entstandenen Kölner Decke, dem aus dem frühen 17.

Jahrhundert stammenden Renaissancekamin und Wandteppichen mit Szenen aus dem Leben Don Quixotes aus dem Jahr 1725.

Über die geschnitzte, mit Figuren verzierte Haupttreppe aus dem 17. Jahrhundert gelangt man ins Obergeschoss. Der über dem Rittersaal liegende Raum weist eine um 1600 entstandene bemalte Holzbalkendecke auf. In den übrigen Räumen zeugen der Adam-und-Eva-Kamin und der Schöpfungskamin aus dem 17. Jahrhundert von der Frömmigkeit der Hausherren.

Heutige Nutzung

Neben der gut erhaltenen Innenausstattung des 16. bis 18. Jahrhunderts begeistert die Vielfalt der Ausstellungen: im Herrenhaus die Musikinstrumentensammlung Hans und Hede Grumbt – mit etwa 1700 Instrumenten die größte private Sammlung dieser Art – und die Ostasiatische Sammlung des Bochumer Asienreisenden Kurt S. Erich. Im Nordflügel ist die Schatzkammer Kemnade untergebracht, eine geldgeschichtliche Sammlung der Sparkasse Bochum mit Münzen und der ältesten Spardose Deutschlands aus dem 13. Jahrhundert.

Wer danach noch wissenshungrig ist, besucht das außerhalb der Gräfte gelegene Bauernhausmuseum mit Bauern- und Kräutergarten und Bienenmuseum. Das Vierständer-Fachwerkhaus aus dem 18. Jahrhundert stammt vom Meierhof Schulte zu Oven in Stiepel und wurde 1970 hier wieder aufgebaut. Das Restaurant Burgstuben Haus Kemnade lädt zum Verweilen in historischem Ambiente ein.

Innenhof

Natur + Erlebnis

- **Freizeitzentrum Kemnade**
  Querenburger Straße 29, 58455
  Witten, Tel. (0 23 02) 2 01 20
  ➤ www.kemnadersee.de
- **Motorschiff Kemnade**
  Personenschifffahrt Kemnader
  See & Harkortsee,
  Tel. (0 23 30) 80 20 47, ab 3 €
  ➤ www.personenschifffahrt-
  meyer.de

Essen + Trinken

- **Haus Oveney,** Oveneystraße 65,
  44797 Bochum,
  Tel. (02 34) 79 98 88,
  tägl. ab 10 Uhr
  ➤ www.haus-oveney.com
- **Fabbrica Italiana am Kemnader
  See,** Oveneystraße 69,
  44797 Bochum, Tel. (02 34)
  38 87 76 40, Biergarten tägl.
  ab 12, Restaurant So. 10–15 Uhr
- **StrandDeck,** Blumenau 7 a,
  44801 Bochum,
  Mai-Sept. Mo.–Do. 11–23,
  Fr./Sa. 11–1, So. 10–23 Uhr,
  Tel. (02 31) 9 12 58 90
  ➤ www.stranddeck.de

❶ Kemnader See
(Unmittelbare Umgebung)

Der **Kemnader See** fasst etwa 3
Millionen Kubikmeter Wasser
und lässt sich auf einem 8 Kilometer langen Wanderweg umrun-
den. Bequemer geht es mit dem
Motorschiff Kemnade, das zwischen Heveney und dem Stau-
wehr verkehrt. Naturliebhaber
schätzen den **Artenreichtum,** neben Seevögeln kann man auch
Kormorane, Eisvögel und Fisch-
reiher beobachten. Das **Freizeitzentrum Kemnade** bietet die
Möglichkeit zum Surfen, Segeln
und Tretboot fahren. Kanuwan-
derern ermöglicht eine Bootsgasse
das Umschiffen des Stauwehrs.

Wer nach der Umrundung ei-
nen ungestörten Blick über den
See genießen möchte, kehrt in
Haus Oveney oder die **Fabbrica
Italiana** im Hauptgebäude der

Kemnader See

Botanischer Garten

1925 stillgelegten Zeche Vereinigte Gibraltar Erbstollen ein. Echtes Strandfeeling kommt im **Strand-Deck** in Heveney direkt am Hafen auf.

2 Botanischer Garten der Ruhr-Universität

(4 km von Haus Kemnade)

Im **Botanischen Garten** der Ruhr-Universität lässt sich die Pflanzenwelt der ganzen Welt an einem Tag erkunden. Ein Tropenhaus, ein Wüstenhaus und zwei Savannenhäuser beherbergen die jeweils typische Flora. Im Außenbereich zeigen europäische Biotope verschiedene Waldarten, Wiesen-, Heide-, Moor- und Küstenvegetation sowie eine alpine Pflanzenlandschaft. Bemerkenswert ist der im unteren Hangbereich angelegte **Chinesische Garten** mit Wasserläufen, Pavillons und Terrassen.

Info

Botanischer Garten der Ruhr-Universität Bochum
Universitätsstraße 150,
44780 Bochum,
Tel. (02 34) 3 22 30 98,
Sommer 9–18 (Freiland),
9–17 (Gewächshäuser),
Winter 9–16 (Freiland),
 9–15.30 Uhr (Gewächshäuser),
Eintritt frei
➤ www.boga.ruhr-uni-bochum.de

187

Adresse

Burg Isenberg
Verein zur Erhaltung der
Isenburg e. V.
Am Isenberg 2, 45529 Hattingen,
Tel. (0 23 24) 2 04-5361
> www.burg-isenberg.de

Ruine
tagsüber jederzeit frei zugänglich

Museum Haus Custodis
Apr.–Okt. So. 15–17, Nov.–März,
So. 14–16 Uhr, Eintritt frei

Anfahrt PKW
A 43, AS 21 Witten-Herbede,
Wittener Straße (L 924)
Richtung Hattingen, über
Martin-Luther-Straße (L 651),
Nierenhofer Straße (L 924) und
Isenbergstraße (L 925) bzw.
A 44, AS 39 Essen-Kupferdreh,
Nierenhofer Straße (L 439)
Richtung Hattingen,
über Hattinger Straße (L 924)
und Isenbergstraße (L 925),
Beschilderung „Isenburg" folgen;
Wanderparkplatz am Fuß
des Isenbergs
(GPS 51.39001, 7.15290),
Aufstieg zur Burgruine etwa
900 Meter

Anfahrt ÖPNV
Ab Hattingen Bf. Mitte Bus 141
und 331 bis Isenberg, Aufstieg
zur Burgruine etwa 900 Meter

Außerdem sehenswert:

❶ Hattingen S. 194   ❷ Henrichshütte S. 195

Niederwenigern

Winz-Baak

Ruhr

LWL-Industriemuseum
Henrichshütte ❷

Welper

3,5 km

Hattingen ❶

2,5 km

Niederholthause

Burg Isenberg

51

N

Tor zur Hauptburg

Aufstieg und Fall eines westfälischen Grafengeschlechts

Industriemuseum Henrichshütte

Burg Isenberg

Geschichte

Um 1194 begann Arnold von Altena mit dem Bau einer Burg auf dem Sporn des Isenbergs oberhalb des Kleinen Hellwegs, der hier die Ruhr über eine Furt kreuzte. Neben der strategisch günstigen Position lag der eigentliche Grund zum Bau der Burg aber wohl in dem Wunsch, sich hier als Vogt des Stiftes Essen eine eigene Grafschaft aufzubauen.

Arnolds Sohn Friedrich hatte bereits eine kirchliche Laufbahn eingeschlagen, als er nach dem Tode seines Vaters und seines älteren Bruders Eberhard um 1216/17 die Burg Isenberg bezog. Friedrich von Isenberg, wie er sich fortan nannte, geriet durch seine Territorialpolitik in Konflikt mit der Essener Äbtissin und seinem Großonkel, dem Erzbischof Engelbert I. von Köln. Hier wird die Geschichte der Burg zum mittelalterlichen Kriminalfall: Als der Erzbischof am 7. November 1225 in einem Hinterhalt bei Gevelsberg ums Leben kam, gab man Friedrich von Isenberg die Schuld. Kaiser Friedrich II. ließ ihn ächten, Erzbischof Heinrich von Molenark seine Burg schleifen und Graf Adolf von der Mark seine Besitzungen einziehen. Der Graf von Isenberg floh zunächst, wurde aber später gefangen genommen und in Köln durch Rädern hingerichtet, der für das Mittelalter geläufigen Strafe für Hochverrat.

Die Anlage auf dem Isenberg, verschrien als die Burg des Bischofsmörders, geriet mehr und mehr in Vergessenheit, bis der königliche Hofbaumeister Max Josef Custodis 1858 in der damals noch nicht wieder freigelegten Ruine das klassizistische Landhaus Custodis errichtete. Zu Beginn des 20. Jahrhunderts führten Steinbrucharbeiten an der Ostseite der Ruine teilweise zum Abrutschen des Burgareals und der Ringmauer.

Anlage

Heute erfolgt der Zugang zur Vorburg über eine Treppe, die neben dem mittel-

Bergfried

Haus Custodis

alterlichen Torweg über die Ringmauer führt. Rechts befinden sich die Fundamente und Keller einiger Gebäude. Durchquert man die lang gestreckte, bis zu 45 Meter breite Vorburg, so steht man vor der noch als Ruine eindrucksvollen Mauer zwischen Haupt- und Vorburg, deren Torkammer mit Wachstube noch gut zu erkennen ist. Dahinter thront wie eine kleine Burg auf der Burg das klassizistische Haus Custodis, das auf den Resten mittelalterlicher Gebäude steht. Links vor der Mauer führt ein kleines Tor ins Nichts: Hier ging es im Mittelalter in den Burggarten.

Über eine moderne Stahlkonstruktion kommt man an Haus Custodis vorbei zu den Fundamenten von Palas und Burgkapelle. Hier sieht man nun auch den Burgherrn selbst: als etwa 3,50 Meter hohe Holzskulptur *Der Geräderte*. Vorbei an Resten von Wirtschaftsgebäuden führt der Rundgang am Ende der Anlage an den Stumpf des mächtigen halbrunden Bergfrieds, der noch heute die Ruine prägt. Er ist noch bis zu einer Höhe von 7

Metern erhalten und hatte mit einer Breite von 20 Metern und einer geschätzten ehemaligen Höhe von bis zu 50 Metern beeindruckende Ausmaße. Seine Mauern sind an der geringsten Stelle immer noch 6,50 Meter stark. Zum Eingang im ersten Geschoss führte früher eine hölzerne Treppe, heute ist der Turm aus Sicherheitsgründen nicht mehr zu betreten.

Neben dem Bergfried führt heute eine Durchfahrt aus der Burg hinaus. Von hier aus sind die Schildmauer und der tiefe Halsgraben gut zu sehen, der hier in den Fels getrieben wurde, um Angriffe über den flachen Bergrücken zu verhindern.

Heutige Nutzung

Die Burg Isenberg ist nach umfangreichen Freilegungs- und Sicherungsarbeiten heute als gesicherte Ruine zugänglich. An vielen Gebäuderesten sind die Bezeichnungen der einzelnen Burgteile angebracht und helfen bei der Orientierung. Das Landhaus Custodis bietet sonntags die Möglichkeit, mehr über die Geschichte der Burg zu erfahren.

Tipps + Termine

In unregelmäßigen Abständen und auf Anfrage bietet der Verein zur Erhaltung der Isenburg e. V. **Führungen** durch die Ruine an

➤ **www.burg-isenberg.de**

Der Geräderte

Blick auf das Ruhrtal von Burg Isenberg

Halsgraben

❶ Hattingen

(2,5 km von Burg Isenberg)

Den Ort prägen viele malerische Fachwerkhäuser rund um die Kirche **St. Georg.** Von dem um 1200 errichteten romanischen Gotteshaus steht noch der Turm. Das Kirchenschiff wurde nach Zerstörungen in den Jahren 1424 und 1429 als **gotische Hallenkirche** wieder aufgebaut und das Turmdach durch den markanten gotischen Spitzhelm ersetzt. Um die **schiefe Turmspitze** ranken sich viele Anekdoten, der wirkliche Grund ist aber nicht überliefert. Sehenswert ist auch die **Stadtmauer** aus dem 16. Jahrhundert, die noch in weiten Teilen erhalten ist. Mit den dahinter liegenden **traufenständigen Wehrhäusern** und der Ruine des **Bruchtorturms**

trägt sie zum mittelalterlichen Charme des Stadtbilds bei.

In der Altstadt sticht das **Alte Rathaus** mit seinem Sockel aus Ruhrsandstein aus der Zeit um 1420 und zwei Fachwerkgeschossen aus dem Jahr 1576 heraus. Der

Kunst + Kultur
- Hattinger Altstadt
  - ❯ www.hattingen.de
  - ❯ www.hattingen-marketing.de
- Museum im Bügeleisenhaus
  Haldenplatz 1,
  45527 Hattingen,
  Tel. (01 75) 4 19 41 95,
  Mai–Dez. Sa./So. 15–18 Uhr,
  2 € ❯ www.buegeleisenhaus.de

Essen + Trinken
Café am alten Rathaus
Haldenplatz 9, 45525 Hattingen,
Tel. (0 23 24) 5 22 88, Mo.–Fr.
10–20, Sa. 9–20, So. 11–19 Uhr
❯ www.cafeam.de

Eisenmänner an der Stadtmauer Hattingen

Ende des 18. Jahrhunderts angelegte Durchgang verbindet Kirch-
platz und Untermarkt mit dem
Glockenturm der durch einen Luftangriff im Zweiten Weltkrieg zer-
störten **Johanniskirche** von 1737.
Am ehemaligen Weiltor steht das
kleinste Fachwerkhaus Hattingens:
das **Alte Zollhaus.** Es diente allerdings nie als Zollstation, sondern
ist etwa im Jahr 1820 auf den Resten eines Wehrturms als Schmie-
dewerkstatt errichtet worden. Eines
der ungewöhnlichsten Gebäude
ist das trapezförmige **Bügeleisenhaus** von 1611, das heute als Museum Exponate zur Stadtgeschichte
und Funde von Burg Isenberg
zeigt. Bei hausgemachten Torten
und Kuchen im **Café am alten
Rathaus** lässt sich wunderbar eine
Pause einlegen.

Die Henrichshütte bei Nacht

**2 LWL-Industriemuseum
Henrichshütte**

(3,5 km von Burg Isenberg)

Etwa 150 Jahre lang wurde in Hattingen in der 1854 gegründeten
Henrichshütte Koks erzeugt, Eisen
verhüttet und Stahl gekocht. Der
1987 stillgelegte Hochofen ist der
älteste im Ruhrgebiet und zugleich
das Highlight des Industriemuseums. Auf dem etwa 7 Hektar großen Gelände arbeiteten zu Spit-
zenzeiten 10.000 Menschen, bevor
2004 mit dem Schmiedebetrieb
der letzte aktive Arbeitsbereich
geschlossen wurde.

Info
LWL-Industriemuseum Henrichs-
hütte, Werksstraße 31–33,
45527 Hattingen,
Tel. (02 34) 9 24 70,
Di.–Do., Sa./So. 10–18,
Fr. 10–21.30 Uhr, 4 €
➤ **www.henrichshuette.de**

Der Rundgang im **Industrie-
museum Henrichshütte** führt mit
einem Aufzug hinauf auf den
Hochofen, in dem früher Tem-
peraturen bis 1400 °C herrschten.
In der **Schaugießerei** besteht die
Möglichkeit, den Gießern bei der
Arbeit zuzuschauen.

Adresse
Schloss Werdringen
Werdringen 1, 58089 Hagen
➤ www.schloss-werdringen.de

Schlossverein Werdringen e. V.
Tel. (0 23 31) 3 08 00
➤ www.schlossverein-
    werdringen.de

**Museum für Ur- und
Frühgeschichte**
Tel. (0 23 31) 3 06 72 66,
Mi.–Fr. 10–17,
Sa./So. 11–18 Uhr, 3,20 €
➤ www.museum-werdringen.de

Anfahrt PKW
A 1, AS 88 Hagen West,
Weststraße (B 226) Richtung
Wetter, über Nöhstraße,
Beschilderung folgen;
Parkplätze entlang der
Brockhauser Straße
(GPS 51.38721, 7.41683),
etwa 150 Meter Fußweg

Anfahrt ÖPNV
Ab Hagen Hbf. Bus 516 bis
Johann-Gottlieb-Fichte-Straße,
etwa 1 Kilometer Fußweg

Essen + Trinken
Schloss-Café auf Werdringen
Tel. (0 23 31) 7 88 79 10,
Di. 13–18, Mi.–Fr. 11–18,
Sa./So. 9.30–18 Uhr
➤ www.schlosscafe-werdringen.de

Außerdem sehenswert:

1 Harkortsee S. 202   **2** Burg Volmarstein S. 203

Herdecke
234
Schloss Werdringen
Vorhalle
226
1
2,5 km
Harkortsee
Wetter
(Ruhr)
1
Volmarstein
Burg Volmarstein
2
Ruhr
N

Entengrütze und ein Mammut

Schloss Werdringen

Burg Volmarstein

Schloss Werdringen

Geschichte

Mitte des 13. Jahrhunderts gab es in Werdringen einen Hof, der zum Lehns-besitz der Herren von Volmestein, Ministerialen des Kölner Erzbischofs, gehörte. Als Lehnsnehmer des Hofs wird Ende des 13. Jahrhunderts ein Wilhelm Dobbe genannt, dessen Familie bereits Anfang des 13. Jahrhunderts in Dortmund bekannt war.

Der Hof in Werdringen gehörte nach Eroberung der Burg Volmarstein 1324 durch die Grafen von der Mark zu deren Territorium. Eine Burg Werdringen wird vor 1350 erstmals urkundlich erwähnt. Dort wohnte wiederum ein Wilhelm Dobbe, bei dem es sich um einen Nachkommen des bereits genannten handeln dürfte.

In der Soester Fehde wurde die damals wohl nur aus einem Wohnturm oder einem Burghaus bestehende Anlage 1446 durch Dortmunder Söldner teilweise zerstört und geplündert, aber

In einem Meer von Wasserlinsen

noch in der zweiten Hälfte des 15. Jahrhunderts als Wasserburg wieder aufgebaut. Die Dobbes blieben bis zu dieser Zeit auf Burg Werdringen. Erst im ausgehenden Mittelalter und in der frühen Neuzeit wechselten die Burgherren mehrfach. Anfang des 15. Jahrhunderts kam eine Hälfte des Adelssitzes durch Heirat an die Herren von Düdinck. Um 1460 heiratete die Erbtochter Engel von Dobbe Hermann von Grüter, der auf diese Weise die andere Hälfte des Adelssitzes erwarb.

Die Besitzverhältnisse und Aufteilung des Adelssitzes waren im Lauf der Jahrhunderte umstritten. Schließlich erhielten ihn 1617 die Herren von der Recke nach einer Entscheidung des Reichskammergerichts. Sie belehnten damit ihrerseits die Familien von Grüter und von Berchem, was wiederum zu lang andauernden Eigentumsstreitigkeiten führte. Erst 1798 wurde Werdringen endgültig der Familie von der Recke zugesprochen, die die mittlerweile stark verfallene Anlage in der ersten Hälfte

Herrenhaus

Tipps + Termine

- Der Schlossverein veranstaltet im Jahresverlauf **Konzerte,** wechselnde **Kunstausstellungen** in der Schlossgalerie, eine **Mineralienbörse** und einen **Weihnachtsmarkt**
- Ein Highlight ist immer der **Kunstmarkt** mit Glas, Keramik, Schmuck, Bildern, Wolle, Holz- und floralen Arbeiten
  ➤ www.schlossverein-werdringen.de
- Das Museum für Ur- und Frühgeschichte bietet die Erlebnisführung **450 Millionen Jahre in 1 Stunde** an, Anmeldung unter Tel. (0 23 31) 2 07 27 40, 30 € zzgl. 2,90 € pro Person

des 19. Jahrhunderts umbaute. Sie ersetzte die Zug- durch eine Steinbrücke, kürzte die Ringmauer um etwa 1 Meter und baute die Burg zum repräsentativen Wasserschloss in historisierenden Formen um.

Die von der Reckes bewohnten Werdringen bis 1870, ab 1895 wurde die Anlage verpachtet und diente als landwirtschaftliches Gut, bis sie 1925 schließlich an einen Hagener Bauunternehmer verkauft wurde. Seit 1977 ist das Wasserschloss Eigentum der Stadt Hagen.

Anlage

Das Wasserschloss Werdringen liegt am Ufer des Harkortsees in einem Landschaftsschutzgebiet. Inmitten von altem Baumbestand hebt sich die Anlage deutlich von der vollständig mit Wasserlinsen gefüllten Gräfte ab. Über die doppelbogige Steinbrücke aus der Zeit um 1800 erreicht man den Innenhof der Burg. Von der Brücke am modernen Gastronomiegebäude fällt der Blick auf das Wirtschaftsgebäude im Norden der Burg, das sogenannte Brauhaus. Links steht das dreiflügelige Herrenhaus mit seinem von markanten Stufengiebeln eingefassten Satteldach, das aus der Zeit der Erbauung der Wasserburg im 15. Jahrhundert stammt, aber auch ältere Bausubstanz der mittelalterlichen Burg enthält, wie beispielsweise Maueröffnungen und Schießscharten. Der große zweigeschossige Bau, der unmittelbar westlich der Brücke steht, hebt sich mit seiner hell geschlämmten Fassade und dem rundbogigen Eingangsportal vom Rest der Gebäude deutlich ab. Auf der Außenseite sind zwei kleine Rundtürme mit Kegeldächern in die Gräfte vorgesetzt, die allerdings erst in der zweiten Hälfte des 19. Jahrhunderts entstanden sind. Im Inneren ist im Erdgeschoss noch ein Kamin an der hofseitigen Wand erhalten.

Der in neogotischem Stil errichtete, durch ein Gesims und einen Rundbogenfries gegliederte Turm mit seinen Ecktürmchen und die ebenfalls neogotische Kapelle stammen aus der ersten Hälfte des 19. Jahrhunderts, in der zweiten Hälfte wurde das Walmdach hinzugefügt.

Heutige Nutzung

Das Herrenhaus von Schloss Werdringen wird vom Schlossverein Werdringen für Veranstaltungen und Ausstellungen genutzt. Im Wirtschaftsgebäude führt das Museum für Ur- und Frühgeschichte seine Besucher 450 Millionen Jahre zurück in die Vergangenheit. Zahlreiche geologische und archäologische Funde aus der erdgeschichtlichen Periode des Ordoviziums bis in das Mittelalter zeigen die Entwicklung des südlichen Westfalens. Dabei ist die Dermoplastik eines Mammuts ein Highlight der Ausstellung. Das Schlosscafé lädt zu einer Einkehr ein.

Museum und Schlosscafé

Harkortsee und Wetter an der Ruhr

1 Harkortsee

(Unmittelbare Umgebung)

Von Schloss Werdringen blickt man unmittelbar auf den 1931 im Ruhrverlauf angelegten **Harkortsee.** Im Sommer kann man hier Segeln, Rudern, Kanu fahren oder mit dem **Fahrgastschiff Friedrich Harkort** einen Ausflug zu Wasser unternehmen. Seinen Namen verdanken See und Schiff dem Industriellen und Politiker Friedrich Wilhelm Harkort.

Rund um den See reihen sich interessante Sehenswürdigkeiten: In Herdecke steht das denkmalgeschützte **Cuno-Kraftwerk** mit seinem markanten, 220 Meter langen Schornstein, das von 1908 bis 2004 Strom erzeugte. Am gegenüberliegenden Ufer liegt der Kaisberg mit dem 1856 errichteten **Freiherr-vom-Stein-Turm.**

Gegenüber von Schloss Werdringen liegt die **Freiheit Wetter** mit der gleichnamigen **Burg.**

Hier errichtete Harkort 1819 mit den Mechanischen Werkstätten Harkort & Co. eine der ersten Maschinenbaufabriken Deutschlands. In der Burgruine sind noch der Rundturm aus dem 13. Jahrhundert, die Ruine des alten Amtshauses und die ehemalige Burgkapelle erhalten.

Wetter. Nach der Schlacht von Worringen 1288 belagerte **Eberhard I. von der Mark** die Burg und zerstörte sie. Bereits ein Jahr später wurde sie wieder aufgebaut. 1324 wurde sie durch **Engelbert II. von der Mark** erneut belagert und eingenommen.

Volmarstein wurde noch im 15. Jahrhundert zu den Zentren der Grafschaft Mark gezählt, verfiel aber im 16. Jahrhundert zunehmend. Als eine Feuersbrunst 1754 die Freiheit Volmarstein heimsuchte, wurde auch die Burg endgültig zerstört. Heute ist die **malerische Ruine** mit ihren zwei teilweise erhaltenen Rundtürmen, der Ringmauer und dem mächtigen quadratischen Turm mit fast 12 Metern Seitenlänge ein beliebtes Wanderziel.

Natur + Erlebnis
- **Harkortsee** mit **Freiherr-vom-Stein Turm** und **Burg Wetter**
- **Fahrgastschiff Friedrich Harkort,** Personenschifffahrt Kemnader See & Harkortsee, Tel. (0 23 30) 80 20 47, ab 3 € ➤ www.personenschifffahrt-meyer.de
- **Cuno-Heizkraftwerk Herdecke** Wetterstraße 111, 58313 Herdecke

Info
Burg Volmarstein, Am Vorberg/ Kramerweg, 58300 Wetter

Burg Volmarstein

2 **Burg Volmarstein**
    (2,5 km von Schloss Werdringen)

Die um 1100 gegründete **Burg Volmarstein** war die kurkölnische Gegenburg zur märkischen Burg

25 Schloss Hugenpoet

Adresse
Schloss Hugenpoet
Schlosshotel Hugenpoet,
August-Thyssen-Straße 51,
45219 Essen,
Tel. (0 20 54) 1 20 40
➤ **www.hugenpoet.de**

Anfahrt PKW
A 52, AS 26 Essen-Kettwig,
Meisenburgstraße (L 441)
Richtung Essen-Kettwig,
rechts August-Thyssen-Straße,
Beschilderung folgen bzw. AS 25
Breitscheid, über B 227,
links Essener Straße (L 441);
Parkplatz am Schloss
(GPS 51.36194, 6.91541)

Anfahrt ÖPNV
Ab Mülheim Hbf. Bus 132 bis
Am Biestenkamp bzw. ab Essen
Hbf. S 6 bis Essen-Kettwig,
Stausee, weiter mit Bus 772 bis
Essen-Kettwig vor der Brücke,
etwa 1,5 bzw. 2 Kilometer Fußweg

Essen + Trinken
Restaurant Hugenpöttchen
Tel. (0 20 54) 12 04 36,
tägl. 12–23 Uhr

Außerdem sehenswert:

Werden

52

Essen

224

St.-Ludgerus
Basilika

7 km

Ruhr

Heidhausen

Kettwig

Stausee Ruhr

N

1,5 km   1

Schloss Hugenpoet

Wahrlich kein
Krötenpfuhl

Schloss Hugenpoet

Schloss Hugenpoet

Geschichte

Im Ruhrtal bei Kettwig gab es bereits 778 ein karolingisches Königsgut, den Nettelshof, der nur etwa 200 Meter nordwestlich vom heutigen Schloss Hugenpoet lag – oder, wie es in einer alten Quelle heißt, einen Büchsenschuss entfernt. Der spätere Oberhof der Abtei Werden diente zur Kontrolle des Ruhrübergangs bei Kettwig. Im Jahr 1314 wurde Vlecke von Hugenpoet mit dem Hof belehnt. Wann er ihn befestigte, ist nicht überliefert. 1478 wurde der Nettelshof erobert und niedergebrannt. Ein Turm und ein Nebengebäude wurden erst im 18. Jahrhundert abgebrochen, heute steht dort ein Bauernhof.

Die Herren von Hugenpoet bauten sich 1509 eine neue Burg, die allerdings 1633 im Dreißigjährigen Krieg abermals zerstört wurde. Die heute erhaltene Schlossanlage wurde zwischen 1647 und 1696 durch Johann Wilhelm von Nesselrode zu Hugenpoet und seiner Frau Anna von Winkelhausen begonnen und durch ihren Sohn Konstantin Erasmus von Nesselrode zu Hugenpoet fertiggestellt.

Im 18. und 19. Jahrhundert verfiel Schloss Hugenpoet immer mehr, musste schließlich zwangsversteigert werden und kam so 1831 an Friedrich Leopold von Fürstenberg. Die Familie ließ das Anwesen zwischen 1844 und 1872 modernisieren, das Herrenhaus im Neorenaissancestil umbauen und einen Schlosspark anlegen.

Im Zweiten Weltkrieg zog die Wehr-

macht ein, nach dem Krieg wohnten Flüchtlingsfamilien im Schloss. 1954 war im Erdgeschoss kurzfristig das Museum Folkwang untergebracht, doch schon 1955 eröffnete das Schlosshotel. Schloss Hugenpoet ist bis heute im Besitz der Familie von Fürstenberg.

Anlage

In der Ruhraue bei Kettwig steht Schloss Hugenpoet, dessen Name sich mit Krötenpfuhl übersetzen lässt und auf den Standort in der feuchten Flussaue hinweist. Besucher gelangen von Westen über eine Steinbrücke über die Gräfte durch ein freistehendes Tor mit Dreiecksgiebel und

Torhaus der inneren Vorburg

den stark verwitterten Wappen der Familien von Nesselrode und von Winkelhausen in die äußere Vorburg, den Wirtschaftshof des Schlosses. Im rechts liegenden Wirtschaftsbau mit Eckturm ist vermutlich noch Bausubstanz vom Beginn des 16. Jahrhunderts erhalten.

Eine lange steinerne Rampe mit anschließender Bogenbrücke führt weiter in die innere Vorburg, die von zwei langen Rechteckbauten mit Kreuzstockfenstern und Walmdach begrenzt wird. Das westliche der beiden Gebäude ist zugleich das Torhaus, dessen rundbogige Durchfahrt in der achtachsigen Fassade nach Norden verschoben ist. Über dem Schluss-

Herrenhaus

Wirtschaftsgebäude

stein des eingerahmten Rundportals steht das Allianzwappen Konstantin Erasmus' von Nesselrode zu Hugenpoet und seiner Frau Anna von Viermund.

Im Innern des Gebäudes, das früher unter unter anderem als Pferdestall diente, befindet sich die Schlosskapelle. Nach Süden sind zwei Terrassenparterres an die Vorburggebäude angebaut, bei denen es sich um die Fundamente von zwei nicht ausgeführten Türmen handelt.

Das Herrenhaus steht auf einer eigenen Insel. Das Sockelgeschoss ist wie die übrige Bebauung aus Hau- bzw. Bruchsteinen errichtet, darüber schließen sich die übrigen Etagen in Ziegelbauweise an. Die Ecken zur Gartenseite komplementieren zwei Pavillontürme mit geschweiften Hauben, Laternen und Wetterfahnen. Die mittleren drei Achsen des Herrenhauses sind als Mittelrisalit leicht vorgesetzt, der von einem Spiralgiebel bekrönt ist. Über dem rechteckigen Portal stehen die Wappen der Familien von Fürstenberg und von Metternich sowie die Jahreszahlen 1831, 1872 und 1879,

Tipps + Termine

- Schloss Hugenpoet bietet **gastronomische Events** vom Kochkurs über Küchenpartys bis hin zum Krimidinner

  ▸ **www.hugenpoet.de**
- Einmal vor Ort, sollte man auf jeden Fall einen kleinen Abstecher zum etwa 800 Meter entfernten **Schloss Landsberg** einplanen. Das auf eine mittelalterliche Höhenburg des 13. Jahrhunderts zurückgehende Schloss wurde durch den Industriellen **August Thyssen** zum repräsentativen Wohnsitz ausgebaut, ist allerdings nur von außen zu besichtigen. August-Thyssen-Straße 1, 40878 Ratingen

senkirchen hierhergebracht wurde. Die zwischen 1560 und 1578 entstandenen Renaissancekamine zeigen alttestamentarische bzw. aus der griechischen Mythologie entlehnte Themen.

Park
Der nördlich des Gebäudes angrenzende Schlosspark mit altem Baumbestand ist leider den Hotelgästen vorbehalten und kann nicht besichtigt werden.

Heutige Nutzung
Schloss Hugenpoet wird als Schlosshotel betrieben. Als Mitglied der Vereinigung *Leading Hotels of the World* ist es die wohl gehobenste Adresse im Ruhrgebiet und gehört zu den führenden deutschen Luxushotels, wie das Adlon und das Vier Jahreszeiten.

die den Erwerb und die Umbauten zum Neorenaissancebau anzeigen. Der Nordfassade zum Garten ist eine 1954 errichtete Terrasse vorgelagert.
Bemerkenswert ist die gut erhaltene Innenausstattung des Herrenhauses. Am Treppenaufgang links des Eingangs befindet sich ein frei stehendes Barockportal mit Sprenggiebeln und dem Wappen Johann Wilhelms von Nesselrode. Gegenüber steht der Lot-Kamin, der zusammen mit dem Kain-und-Abel-Kamin und dem Troja-Kamin von Schloss Horst in Gel-

In Kettwig

Kunst + Kultur

- Kettwiger Altstadt mit **evangelischer Kirche** und **katholischer Pfarrkirche**
- **Kettwiger Rathaus** mit **Stadtmuseum Kettwig,** Bürgermeister-Fiedler-Platz 1, 45219 Essen, Tel. (0 20 54) 8 17 17, Do. ab 17.30 Uhr
  ❯ **www.museum-kettwig.de**

Essen + Trinken

Die Stiege, Kirchtreppe 7, 45219 Essen, Tel. (0 20 54) 8 32 44, tägl. ab 12 Uhr
❯ **www.diestiege.de**

❶ Kettwig

(1,5 km von Schloss Hugenpoet)

Das beschauliche **Kettwig** verfügt in der **malerischen Altstadt** über kleine Gässchen mit Fachwerkbebauung. Am Markt liegt die **evangelische Kirche** mit ihrem 40 Meter hohen Turm aus dem 13. Jahrhundert. Das in Form einer Basilika aus Ruhrsandstein errichtete Kirchenschiff stammt aus dem Jahr 1720/21. Im Kontrast zum unverputzten Mauerwerk steht die klassizistische katholische

Pfarrkirche **St. Peter und Laurentius** aus dem Jahr 1830 und ihrer altrosa verputzten und durch weiße Ecklisenen und Eckquaderungen gegliederten Fassade. Das **Kettwiger Rathaus** beherbergt heute unter anderem das **Stadtmuseum Kettwig.** In der **Stiege** lässt sich eine Pause im gemütlichen Biergarten einlegen.

② St.-Ludgerus-Basilika Werden

(7 km von Schloss Hugenpoet)

Die **St.-Ludgerus-Basilika** in Werden ist als eine der bedeutendsten spätromanischen Kirchen im Rheinland ein absolutes Muss. Der Anfang des 9. Jahrhunderts errichtete und im 13. Jahrhundert romanisch umgestaltete Bau ist seit 1993 **Basilica minor.** Sehenswert sind der barocke Hochaltar und die Gewölbemalereien aus dem 10. und 11. Jahrhundert. In der Krypta steht der **Schrein des heiligen Liudger,** Missionar der Friesen und erster Bischof von Münster.

Die benachbarte **Abtei Werden,** deren Klosterkirche die Basilika bis zur Säkularisation im Jahr 1802 war, wurde 799 durch Liudger als Benediktinerkloster gegründet. Heute sind hier die Folkwang Universität der Künste und die **Schatzkammer St. Ludgerus** mit bedeutenden Sakralgegenständen aus der Geschichte des Klosters untergebracht.

Info
- **St.-Ludgerus-Basilika**
  Brückstraße 54, 45239 Essen
- **Schatzkammer St. Ludgerus**
  Tel. (02 01) 49 18 01,
  Di.–So. 10–12, 15–17 Uhr
  ❯ www.schatzkammer-
  werden.de

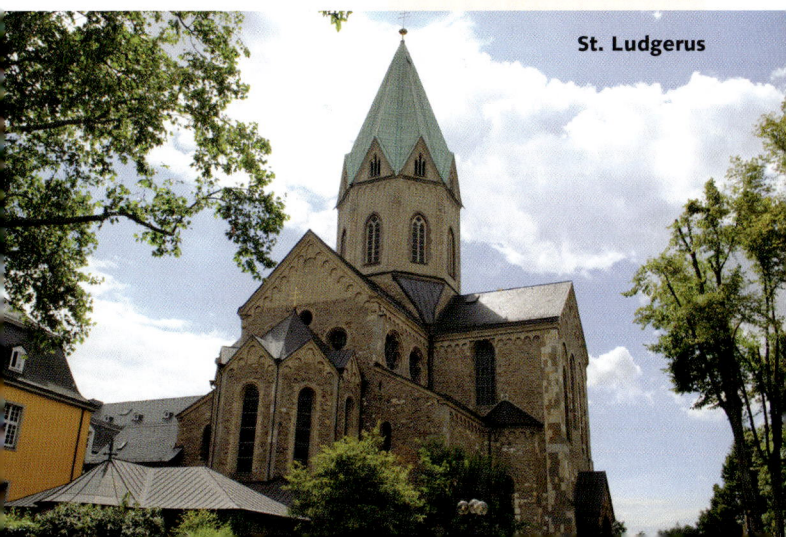

St. Ludgerus

26 Schloss Hohenlimburg

Adresse
Schloss Hohenlimburg
Museum Schloss Hohenlimburg
und Deutsches Kaltwalzmuseum
Alter Schlossweg 30, 58119 Hagen,
Tel. (0 23 34) 27 71, Apr. Mi.–So.
11–17, Mai–Nov. Mi.–Fr. 14–18,
Sa./So. 12–18 Uhr, 4,50 €
➤ www.schloss-hohenlimburg.de

Anfahrt PKW
A 45, AS 12 Hagen-Süd,
Zur Hünenpforte (L 693) Richtung
Hagen-Hohenlimburg,
Hohenlimburger Straße (B 7),
über Jahnstraße, Herrenstraße
und Neuer Schlossweg,
der Beschilderung folgen bzw.
A 46, AS 44 Hagen-Elsey,

Steltenbergstraße (B 7) Richtung
Hagen-Hohenlimburg, Iserlohner
Straße (B 7), Mühlenbachstraße,
Bahnstraße, über Untere
Isenbergstraße, Herrenstraße und
Neuer Schlossweg,
der Beschilderung folgen;
Parkplatz am Schloss
(GPS 51.34440, 7.56995)

Anfahrt ÖPNV
Ab Hagen-Hohenlimburg Bf.
Bus 530 bis Am Schlossberg,
etwa 500 Meter Fußweg

Essen + Trinken
Restaurant Hohenlimburg
Tel. (0 23 34) 20 56

Außerdem sehenswert:

1 Raffenburg S. 218   **2** LWL-Freilichtmuseum Hagen S. 219

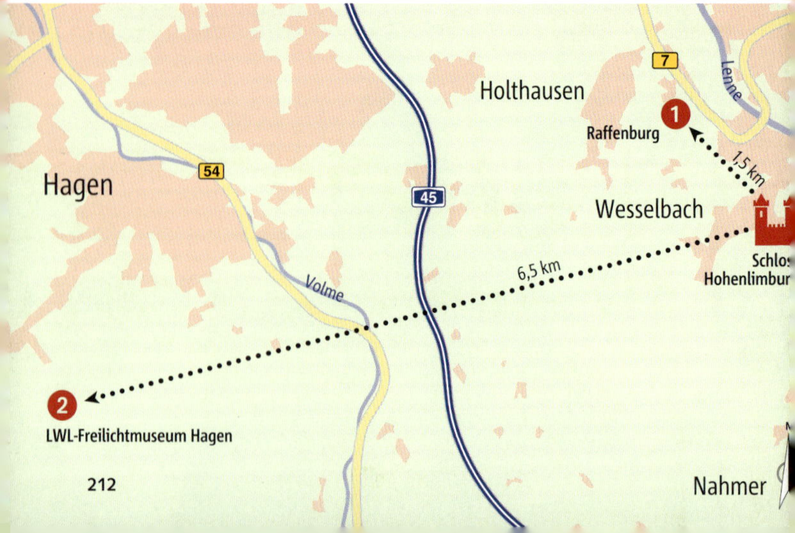

Holthausen

7

1 Raffenburg

1,5 km

Hagen

54

45

Wesselbach

Volme

6,5 km

Schloss
Hohenlimbur

2 ◄
LWL-Freilichtmuseum Hagen

Lenne

Nahmer

Die einzige erhaltene
Höhenburg Westfalens

Schloss Hohenlimburg

LWL-Freilichtmuseum Hagen

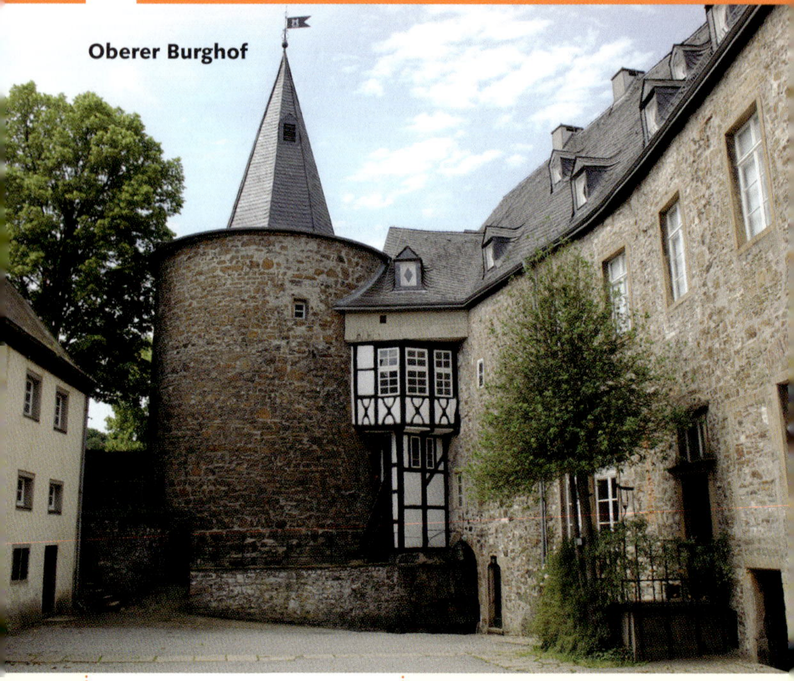
Oberer Burghof

Tipps + Termine

- Auf Hohenlimburg werden **Führungen** für jeden Geschmack angeboten, von der Nachtwächterführung bis hin zur Exkursion zu den Sieben Gräben
- Neben weiteren wechselnden Kulturveranstaltungen von **Konzerten** und **Vorträgen** über **Tanz in den Mai** bis hin zu jährlichen **Schlossfesten** darf natürlich auch das **Krimi-Dinner** in historischem Ambiente nicht fehlen
- Höhepunkt im Jahr ist der **Romantische Weihnachtsmarkt** mit Kunsthandwerk und musikalischem Rahmenprogramm, 5 €

➤ **www.schloss-hohenlimburg.de**

Schloss Hohenlimburg

Geschichte

Um 1240 erbaute Dietrich I. von Isenberg mithilfe seines Onkels Heinrich IV. von Limburg, des Grafen von Berg, hoch über der Lenne die Burg Limburg, die er seinem Onkel übertrug und als Lehen zurückerhielt. Dahinter steht die Tragödie um das Grafengeschlecht von Isenberg, das sich nach der Zerstörung ihrer Burg Isenberg in Hattingen auf ◂ S. **diese Weise die Unterstützung der Grafen von Berg sicherte, die dadurch wiederum einen Stützpunkt im Einflussbereich der Grafen von der Mark gewannen. Dietrich nannte sich in der Folgezeit auch von Isenberg-Limburg, seine Burg**

wurde zum Stammsitz der Grafschaft Limburg, die bis in napoleonische Zeit bestand.

Im Limburger Erbfolgestreit um die Nachfolge im Herzogtum Limburg an der Maas eroberte 1288 Eberhard I. von der Mark die Limburg, die erst 1304 an Dietrich III. von Isenburg-Limburg zurückgegeben wurde. Im Jahr 1458 kam die Burg an die Nebenlinie Limburg-Broich, danach an andere rheinische Adelsfamilien und schließlich 1589 durch Heirat an die Grafen von Bentheim.

Burg Limburg wurde mehrfach belagert und erobert, so im Jahr 1584 durch kurkölnische Truppen, die sie bis 1610 besetzt hielten, und 1633 im Dreißgjährigen Krieg durch kaiserliche Truppen, die bis 1636 auf der Burg blieben. Im 17. Jahrhundert begannen die Grafen von Bentheim mit dem Ausbau der Burg zum repräsentativen Schloss Hohenlimburg. Der Wehrcharakter blieb aber erhalten, denn noch im Siebenjährigen Krieg diente das Schloss als Festung und wurde 1762 durch den Herzog von Braunschweig-Hannover beschossen, als es von französischen Truppen besetzt war. Das Schloss befindet sich noch heute im Besitz der Fürsten von Bentheim-Tecklenburg.

Anlage

Auf einem 224 Meter hohen Bergsporn über dem Lennetal liegt weithin sichtbar Schloss Hohenlimburg, das als einzige weitestgehend erhaltene Höhenburg Westfalens gilt.

Die ehemalige Vorburg war von einer Mauer und im Vorgelände von nur noch schwach erkennbaren Gräben gesichert. Rechts des Wegs steht das ehemalige Kutschengebäude aus der ersten Hälfte des 18. Jahrhunderts, als das Schloss in barockem Stil umgebaut wurde. Die ursprüngliche mittelalterliche Bebauung wurde beim Abzug der kaiserlichen Truppen im Dreißigjährigen Krieg durch Brandstiftung zerstört.

Das markante untere Torhaus mit den noch erhaltenen Lauföffnungen und dem Anschlag für die Zugbrücke führt in die untere Burg. Das Torhaus wurde ebenso wie der noch im Sockelgeschoss erhaltene quadratische Halbturm im 13. oder 14. Jahrhundert errichtet. Es wurde von Konrad Gumprecht von Bentheim für seine Frau Johannetta Elisabeth von Nassau-Dillenburg zum Wohngebäude, dem Nassauer Schlösschen, umgebaut, wie die über der Durchfahrt stehenden Wappen der Eheleute und die Jahresangabe 1615 bezeugen.

In der oberen Burg stammt der ursprüngliche Baubestand wohl schon aus dem 13. Jahrhundert. Das obere Torhaus, in dem sich vermutlich auch die Schlosskapelle befand – wie ein zugemauertes spitzbogiges Fenster in der Außenwand

Scheingrab

Roter Salon

Blick auf das Lennetal

vermuten lässt –, wurde 1549 aufgestockt. Aus dieser Zeit stammt auch der zweigeschossige Palas im nordwestlichen Teil der oberen Burg. In der ursprünglich vorhandenen Lücke zwischen Torhaus und Palas wurde 1726 ein weiteres Wohngebäude als neuer Palas errichtet. Dominiert wird die obere Burg durch den runden Bergfried auf der anderen Seite des Torhauses, der 1813 durch einen Blitzschlag zur Hälfte zerstört wurde. Sein in 6 Meter Höhe liegender Eingang wird heute über ein in die Ecke zwischen Torbau und Turm gesetztes Treppenhaus aus Fachwerk erschlossen. An der südöstlichen Seite der oberen Burg befindet sich ein jüngeres Wirtschaftsgebäude. Auf der Ringmauer der oberen Burg verläuft ein Wehrgang mit dem runden Eckturm.

Im Inneren des Schlosses ist besonders der 1729 durch Moritz-Casimir I. von Bentheim-Tecklenburg im neuen Palas angelegte Fürstensaal, mit der erhaltenen Auskleidung mit Delfter Kacheln, und der Rote Salon sehenswert. Mittelalterliches Flair verbreitet der rustikale Gewölbekeller unter dem neuen Palas.

Park

Westlich des Schlosses schließt sich der barocke Höhengarten in Form eines terrassierten Parterres mit Blick ins Lennetal an, der einzige erhaltene Höhengarten dieser Art in Norddeutschland. Er wurde 1730 angelegt und beherbergte Rosen, Maulbeerbäume und Weinstöcke. Historische Nutzgärten sowie ein kleiner Kräutergarten vervollständigen das grüne Angebot auf Schloss Hohenlimburg.

Heutige Nutzung

Hohenlimburg ist mit dem Schlossmuseum und dem Kaltwalzmuseum ein beliebtes Ausflugsziel. Hier kann man sich über die Geschichte des Fürstenhauses von Bentheim-Tecklenburg informieren und die repräsentative Innenausstattung des Schlosses bewundern.

Wer es gerne etwas gruselig mag, wird Gefallen an der Schwarzen Hand finden, die im Bergfried gefunden wurde. Der Legende nach gehörte sie einem Edelknaben, der sie gegen seine Mutter erhoben hatte. Tatsächlich ist die mumifizierte rechte Hand eines erwachsenen Mannes aber wohl ein frühneuzeitliches Leibzeichen, wie man sie Mordopfern als Beweis abtrennte. Das makabre Stück stammt aus dem 16. Jahrhundert.

Wer sich für technische Dinge interessiert, kann sich im Deutschen Kaltwalzmuseum über Stahlbearbeitung informieren.

Torhaus Raffenburg

Natur + Erlebnis
Raffenburg, Raffenbergdenkmal
und **Franzosenschanze,**
Raffenbergstraße, 58119 Hagen

❶ Raffenburg

(1,5 km von Schloss Hohenlimburg)

In Sichtweite von Schloss Hohenlimburg befindet sich im Natur-
schutzgebiet Raffenberg die mittelalterliche **Ruine Raffenburg.**
Der Sage nach lebte hier ein Raub-
ritter, der seine belagerte Burg nur
übergeben wollte, wenn man seine
Frau mit allen Habseligkeiten ab-
ziehen lasse, die sie auf drei Gängen tragen könne. Die sehr kräf-
tige Frau soll ihren Mann, ihren

Sohn und zuletzt die Wertgegen-
stände aus der Burg geschafft haben. Beim dritten Gang brach sie
allerdings tot zusammen.

Doch zurück auf historisches
Terrain: Die Höhenburg wurde
vermutlich um 1240 als kurköl-
nische Landesburg an der Grenze
zur aufstrebenden Grafschaft
Limburg als Gegenburg zur Burg
Limburg errichtet. Im **Limburger
Erbfolgestreit** belagerte Eberhard
I. von der Mark 1288 die Raffen-
burg, nachdem er zuvor bereits
Burg Limburg erobert hatte. Die
Raffenburg fiel schließlich wegen
Wassermangel, wurde aber in Tei-
len noch bis ins 14./15. Jahrhun-
dert genutzt.

Heute ist vor allem die ovale Kernburg mit ihrer 1,20 Meter starken **Ringmauer** und Resten des vorgelagerten Grabens noch gut zu erkennen. Außerdem sind der **Palas,** das **Torhaus** und drei vermeintliche **Burgmannenhäuser** erhalten. Das Zentrum bildete der Bergfried, daneben erkennt man noch die **Zisterne** der Burg.

Unmittelbar östlich der Kernburg steht über dem Hang das **Raffenbergdenkmal,** ein 1837 aufgestellter Obelisk, der an Emil Friedrich I. von Bentheim-Tecklenburg erinnert. Rund 600 Meter südlich der Raffenburg liegt die sogenannte **Franzosenschanze,** eine trapezförmige Wallanlage, die vermutlich als eine Art Vorwerk ebenfalls zur Raffenburg gehörte.

Freilichtmuseum Hagen

2 **LWL-Freilichtmuseum Hagen**

(6,5 km von Schloss Hohenlimburg)

Im **Freilichtmuseum Hagen** kann man auf 42 Hektar in etwa 60 rekonstruierten Werkstätten die Handwerkstechniken des 18. und 19. Jahrhunderts hautnah erleben. Auf dem Gelände stehen Mühlen, Schmiedewerkstätten und Hammerwerke, eine Druckerei, eine Brauerei, eine Brennerei, eine Tabakfabrik und vieles mehr. In der **Museumsbäckerei** kann man Brot kaufen und in der Brauerei Bier probieren. Im Rathaus findet man das Deutsche

Info

LWL-Freilichtmuseum Hagen, Westfälisches Landesmuseum für Handwerk und Technik, Mäckingerbach, 58091 Hagen, Tel. (0 23 31) 7 80 70, Apr.–Okt. 9–17 Uhr, 7 €
❯ www.lwl-freilichtmuseum-hagen.de

Schmiedemuseum, daneben bieten die **Museumsterrassen** die Möglichkeit zur Stärkung. Am ersten Adventswochenende öffnet das Freilichtmuseum noch einmal seine Pforten zum **Weihnachtsmarkt.**

Adresse

Haus Martfeld
Haus Martfeld 1, 58332 Schwelm,
Tel. (0 23 36) 91 44 37

Museum
Sa./So. 12–17 Uhr, 5 €

Stadtarchiv
Mo.–Fr. 10–14.30 Uhr

Anfahrt PKW

A 1 AS 93 Wuppertal-Langerfeld,
Talstraße (B 7) Richtung Schwelm,
rechts Hauptstraße (L 527),
hinter Eisenbahnbrücke links
Hagener Straße;
Parkplatz am Haus Martfeld
(GPS 51.29114, 7.30823)

Anfahrt ÖPNV

Ab Schwelm Bf. Bus 556 bis Haus
Martfeld, etwa 100 Meter Fußweg

Essen + Trinken

Restaurant Schloss Martfeld
Tel. (0 23 36) 47 31 31,
Mi.–So. ab 12 Uhr
➤ **www.restaurant-
schloss-martfeld.de**

Außerdem sehenswert:

1 Schwelm S. 226   **2** Kluterthöhle S. 227

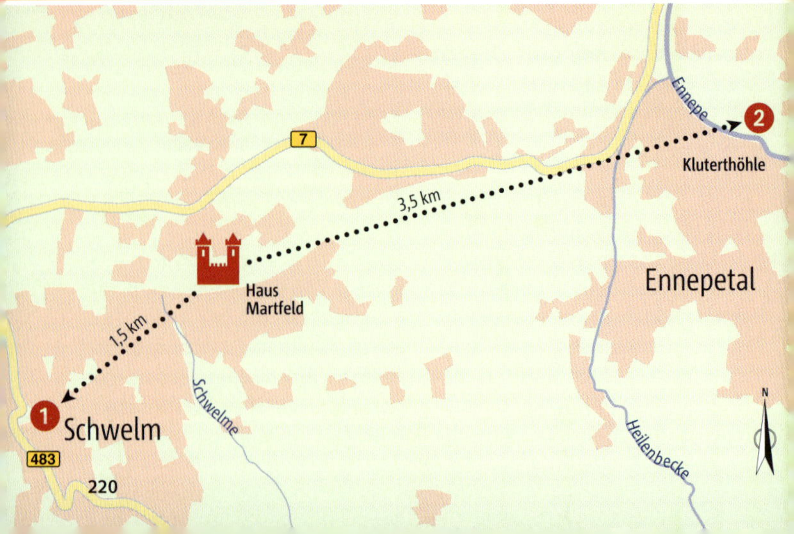

Ennepe

2
Kluterthöhle

7

3,5 km

Haus
Martfeld

Ennepetal

1,5 km

Schwelme

1 Schwelm

Hellenbecke

483

N

Haus Martfeld

Von der Grenzburg
zum Barockschloss

Ostseite mit Rund- und Torturm

Haus Martfeld

Geschichte

Im 14. Jahrhundert entstand Haus Martfeld als Niederungsburg mit Wassergraben in nur etwa 80 Meter Entfernung als Nachfolger einer mittelalterlichen Motte. Urkundlich erwähnt wurde es erstmals 1429. Die Burg diente als Lehen der Grafen von der Mark zur Grenzsicherung gegen die Grafschaft Berg und zum Schutz mittelalterlicher Handelsrouten. Haus Martfeld kam 1591 in den Besitz des kurkölnischen Marschalls Arnold Raitz von Frentz. Es wurden umfangreiche Umbauten vorgenommen und die Wasserburg zum landwirtschaftlich genutzten Rittergut erweitert.

Nachdem das Anwesen 1684 an die Familie Stael von Holstein gekommen war, verfiel es zunehmend. 1722 erbte Adolf Arnold Norbert von und zu Gysenberg und noch im gleichen Jahr sein Patenkind Adolf Karl von Hasenkamp das mittlerweile zur Ruine verkommene Anwesen. Erst durch die Veräußerung an den Kaufmann Johann Peter Hochstein, den ersten nichtadeligen Besitzer, im Jahr 1745 konnte Haus Martfeld gerettet werden: Er ließ das Gut als barocke Schlossanlage mit Garten, Allee und neuer Bedachung wiederherstellen.

Weitere Um- und Anbauten am Nord- und Südflügel der Anlage nahm Friederike von Elverfeldt vor, die Haus Martfeld 1839 kaufte. Sie legte auch einen englischen Landschaftspark und eine neugotische Andachtskapelle an. Durch die Arbeiten am Park sowie den Bau der Bergisch-Märkischen Eisenbahn um die Mitte des 19. Jahrhunderts wurden große Teile der einstigen Wassergräben zugeschüttet. Seit 1954 ist die Stadt Schwelm Eigentümer von Haus Martfeld.

Anlage

Der Name leitet sich von Marschfeld ab und weist auf die Lage als Niederungsburg in einem Feuchtgebiet hin. Vom Parkplatz geht man rechts am Ostflügel des Schlosses vorbei und trifft auf die im nördlichen Bereich noch in U-Form erhaltene Gräfte. An der nordöstlichen Ecke steht der markante, 8 Meter durchmessende Rundturm. Er stammt wahrscheinlich aus dem 14. oder 15. Jahrhundert und ist der älteste erhaltene Teil von Haus Martfeld. Die im Erdgeschoss 2 Meter dicken Mauern ruhen auf Pfählen im feuchten Untergrund. Sein heutiges Aussehen verdankt der Turm Umbaumaßnahmen in der ersten Hälfte des 17. Jahrhunderts, als er zum Kanonadenturm mit Schießscharten umfunktioniert wurde. Der Ostflügel ist bereits 1573 in einer Zeichnung überliefert. Über Brücke und Gräfte geht es durch den quadratischen Torturm aus dem 15. Jahrhundert in den Innenhof. Über der Tordurchfahrt steht das Wappen der Familie Raitz von Frentz mit dem Jahr 1627, als die barocke Turmhaube aufgesetzt und Dach- und Obergeschoss renoviert wurden. Der Turm hatte ursprünglich eine Zugbrücke über die Gräfte, deren Kettenöffnungen und Anschlag noch erkennbar sind. Im Torinnern sieht man noch die Konsolen eines gotischen Kreuzrippengewölbes, das bei einer Vergrößerung der Tordurchfahrt durch eine flache Decke ersetzt wurde.

Die Verlängerung des Ostflügels und der Südflügel, ein Stallgebäude mit großen Tordurchfahrten, stammen aus dem 18. Jahrhundert, als Haus Martfeld als Gutshof genutzt wurde.

Man sollte nicht versäumen, noch einen Blick in die 1860 nach Plänen des Kölner Dombaumeisters Vincenz Statz errichtete neugotische Kapelle zu werfen. Der als Andachtskapelle geplante und später um

Tor-Wappen

Tipps + Termine

- **Museumsführungen:** 1. So. im Quartal, Eintritt frei
- **Führungen durch die Grabkapelle** auf Anfrage, Tel. (0 23 36) 20 94
- In und um Haus Martfeld finden im Jahresverlauf unterschiedliche **kulturelle Veranstaltungen** statt: Weihnachtsmarkt, Kunsthandwerkermarkt, Hochzeitsmesse, Vorträge, Lesungen, Theateraufführungen oder Konzerte, Tel. (0 23 36) 80 12 73

Nordflügel mit Restaurant

eine oberirdische Gruft erweiterte Bau bietet mit einer kleinen Ausstellung einen Einblick in die Fossilienwelt des Schwelmer Massenkalks. Das Barockgemälde Lots Flucht aus Sodom von Johann Heinrich Damelet, das man einst unter einem Haufen Kohle in einem Schwelmer Keller entdeckte, hat hier einen würdigen Platz gefunden.

Park

Der umgebende Park, das Martfeld, lädt mit seinen weitläufigen Rasenflächen und dem alten Baumbestand aus Bergahorn, Buchen, Eschen, Kastanien und Linden zum Spaziergehen ein. Vom Barockgarten des 18. Jahrhunderts zeugt heute nur noch die Allee, die nach Westen vom Hof mit dem Springbrunnen in das Martfeld führt. Der heutige Landschaftspark geht auf die Umgestaltungen durch Friederike von Elverfeldt im 19. Jahrhundert zurück. Im Westen finden sich

Rasenflächen, im östlichen Teil stehen um den alten Turmhügel der Vorgängerburg Laubbäume und Sträucher. Im Martfeld sind noch ein Haferkasten aus dem Jahr 1590, der Kollergang einer ehemaligen Schwelmer Papierfabrik aus den 1930er-Jahren und Denkmäler Schwelmer Persönlichkeiten zu sehen.

Heutige Nutzung

Haus Martfeld ist ein regionales Kulturzentrum mit einem vielfältigen Veranstaltungsprogramm. Es beherbergt das Stadtarchiv und das Museum Haus Martfeld. Im Ost- und Südflügel kann man sich über die Geschichte Schwelms von der Jungsteinzeit bis zum Mittelalter und der frühen Neuzeit informieren, von der bürgerlichen Wohnkultur bis zur industriellen Entwicklung des Schwelmer Raums. Das Restaurant Schloss Martfeld bietet regionale und internationale Küche.

Kapelle

Im Park

① Schwelm

(1,5 km von Haus Martfeld)

Das historische Stadtzentrum rund um den **Altmarkt** besticht mit seinen für das Bergische Land typischen verschieferten Fachwerkhäusern und gründer- und neorenaissancezeitlichen Gebäuden. Zwei **Stadtbrände 1722** und **1827**

wüteten in Schwelm. Unter den Gebäuden, die erhalten blieben, sind die ehemalige **Adler-Apotheke** am Altmarkt, das klassizistische **Rietz'sche Haus** an der Untermauerstraße, das **Amtsgericht** in der Schulstraße und die **Sternenberg'sche Villa** an der Barmer Straße zu erwähnen.

Die **Christuskirche** mit ihren beiden Türmen überragt die historische Altstadt. Mit 1200 (ursprünglich 2500) Sitzplätzen ist sie die **zweitgrößte Kirche Westfalens.** Das 1849 eingeweihte klassizistische Gebäude wurde im März 1945 bei einem Luftangriff bis auf die Außenmauern zerstört und bis 1952 wieder aufgebaut. Die Türme konnten erst 1968 wieder behelmt werden.

Im alten **Kurpark** an der Brunnenstraße zeugt ein kleines achteckiges **Brunnenhäuschen** aus

Adler-Apotheke in Schwelm

Kluterthöhle

Backstein mit Welscher Haube von der Vergangenheit Schwelms als Kurort. Der 1650 entdeckten Quelle wurde im 18. Jahrhundert eine gesundheitsfördernde Wirkung bescheinigt.

Alle Sehenswürdigkeiten lassen sich gut auf dem **Historischen Stadtrundgang Schwelm** erkunden. Zum Abschluss lockt eine Einkehr im **Café Adler** inmitten der historischen Einrichtung der ehemaligen Adler-Apotheke.

Info

Kluterthöhle, Gasstraße 10, 58256 Ennepetal, Tel. (0 23 33) 9 88 00, tägl. 9.30–17.30 Uhr, 6 €, Gruppenführungen Do.–Sa. 10, 15 u. 16, So. stündlich von 10–16 Uhr, 5,40 € zzgl. Eintritt
> **www.kluterthöhle.de**

❷ Kluterthöhle

(3,5 km von Haus Martfeld)

Im nahe gelegenen Ennepetal können Mutige in der **Kluterthöhle** eine Expedition ins Innere der Erde wagen. Das vor etwa 370 Millionen Jahren entstandene Höhlensystem aus **360 Gängen** mit einer Gesamtlänge von knapp 5,7 Kilometern liegt in einer Riffkalkschicht des Klutertberges; rund 1 Kilometer können als **Schauhöhle** begangen werden. Sie wurde schon im Mittelalter, vielleicht sogar in vorgeschichtlicher Zeit genutzt und diente im Dreißigjährigen und Zweiten Weltkrieg als Zuflucht für die Bevölkerung bzw. als Luftschutzraum. Vor der Höhlenerkundung sollte man auf geeignete Kleidung achten, denn im Inneren herrscht das ganze Jahr über eine Temperatur von 10 °C.

© 2015 Droste Verlag GmbH, Düsseldorf
Konzeption/Gestaltung/Satz: Droste Verlag
Karten: Thorsten David, Bochum
Druck und Bindung: B.O.S.S Medien GmbH

Fotos: Kai Niederhöfer, außer:
Bistum Essen, Nicole Cronauge: S. 120; **Deutsches Bergbau-Museum:** S. 123 u.,
131; **Fotolia © seen:** S. 170; **Freizeitzentrum Kemnade:** S. 186; **Gasometer Oberhausen GmbH, Thomas Machoczek:** S. 104; **Grugapark Essen:** S. 165 u., 171;
Hellwegmuseum Unna, Uwe Hasche: S. 107 u., 113; **Jüdisches Museum Westfalen, Thomas Ridder:** S. 14; **Kluterthöhle & Freizeit Verwaltungs- und Betriebs
GmbH & Co. KG:** S. 227; **Kulturforum Witten, Günther Heidemann:** S. 133 u.;
LVR-Industriemuseum: S. 99 u., 105; **LWL-Archäologie für Westfalen, Katja Baron:**
S. 72; **LWL-Freilichtmuseum Hagen:** S. 213 u., 219; **LWL-Industriemuseum, Walter
Fischer:** S. 189 u.; **LWL-Industriemuseum, Annette Hudemann:** S. 51 u., 57, 75
u., 81, 88, 141 u., 146, 195; **LWL-Römermuseum, Jochen Hähnel:** S. 15; **Märkisches Museum, Tanja Murczak:** S. 139; **Movie Park Germany:** S. 33 u., 41; **Neue
Galerie Gladbeck, Axel Baumgärtel:** S. 65; **Thomas Philippi, Solingen:** S. 64; **Restaurant Haus Herbede, Esther Becker:** S. 137; **Stiftung Eisenbahnmuseum Bochum:**
S. 149 u., 155; **Thomas Wolf, www.foto-tw.de:** S. 154

Motive Titel:
Bild oben: Schloss Lembeck
Bildleiste unten (v. l. n. r.): Kaiser-Wilhelm-Denkmal Hohensyburg;
Portal-Wappen Schloss Beck; Schloss Oberwerries
Motive Innenteil:
Seite 1: Burg Lüttinghof

(Alle Abweichungen, die nach Redaktionsschluss erfolgten, konnten im Buch nicht mehr
berücksichtigt werden. Hinweise und Änderungen nehmen wir gern entgegen.)

ISBN 978-3-7700-1531-3
www.drosteverlag.de
www.facebook.com/DrosteVerlag